FELIX WEYREUTHER

Über die Verfassungswidrigkeit salvatorischer
Entschädigungsregelungen im Enteignungsrecht

Schriften zum Öffentlichen Recht

Band 377

# Über die Verfassungswidrigkeit salvatorischer Entschädigungsregelungen im Enteignungsrecht

Von

Prof. Dr. Felix Weyreuther

Richter am Bundesverwaltungsgericht

DUNCKER & HUMBLOT / BERLIN

© 1980 Duncker & Humblot, Berlin 41
Gedruckt 1980 bei Buchdruckerei A. Sayffaerth - E. L. Krohn, Berlin 61
Printed in Germany
ISBN 3 428 04689 7

## Inhaltsverzeichnis

I. Begriffe ....................................................... 7

II. Salvatorische Regelungen und Junktimklausel ................. 8

III. Die Erfüllbarkeit der Junktimklausel ........................... 10

IV. Das rechtsstaatliche Ziel der Junktimklausel ................... 11

V. Vorhersehbarkeit der enteignenden Gesetzeswirkung ........... 12

VI. Unschärfen des Eigentums- und des Enteignungsbegriffes ........ 13

VII. Die Tendenz zu konkreter Würdigung ......................... 14

VIII. Die Belastung des Gesetzgebers ................................ 15

IX. Die Zulässigkeit formaler Salvierung ........................... 16

X. „Entgiftung" der Junktimklausel ............................... 17
    1. Die Geltungsreichweite der Junktimklausel .................. 18
    2. Die Beschränkung auf das Vorhersehbare .................... 19
    3. Der Tatbestand der Junktimklausel ......................... 20
    4. Die Rechtsfolge der Junktimklausel ......................... 20
    5. Absage an die „Entgiftung" ................................ 22

XI. Salvatorische Entschädigungsregelungen als „Entgiftung" ........ 23
    1. Warn- und Verknüpfungsfunktion der Junktimklausel ........ 23
    2. Tatbestand und Rechtsfolge der Entschädigungsregelungen .... 24
    3. Salvatorische Regelungen und Warnfunktion ................ 25
        a) Hemmung des Gesetzgebers ............................. 25
        b) Warnfunktion und Gewaltenteilung ..................... 26
        c) Entschädigungsabwägung ................................ 26
    4. Salvatorische Regelungen und Verknüpfungsfunktion .......... 28
    5. Die Bedenklichkeit salvatorischer Regelungen ................ 29
    6. Substantiierung der Entschädigungstatbestände .............. 30

7. Die bisherige Abschirmung salvatorischer Regelungen ........ 32
   a) Enteignungsgleiche Eingriffe ............................. 32
   b) Entschädigung wegen rechtswidrigen Eingriffs ............. 33
   c) Sanktionslosigkeit der Junktimklausel .................... 34
   d) Unvereinbarkeit mit der Junktimklausel ................... 34
   e) Bundesverfassungsgericht und enteignungsgleicher Eingriff .. 36

XII. Grenzen der Entschärfung der Junktimklausel ................. 38
   1. Die Nichtigkeitsfolge .................................... 38
   2. „Entgiftung" durch Auslegung? ............................ 39
      a) Die Gesetzesauslegung im allgemeinen ................. 40
      b) Verfassungskonforme Auslegung ........................ 41
      c) Die Grenzen verfassungskonformer Auslegung .......... 43
      d) Salvatorische Eingriffsregelungen ................... 43

XIII. Entschädigungsgewährung ..................................... 45
   1. Substantiierte Entschädigungsregelungen .................. 45
   2. Entschädigungen von anderer Art .......................... 47
   3. Die Stellung des Gesetzgebers ............................ 49
   4. Der Rechtsweg ............................................ 50

XIV. Zusammenfassung ............................................. 51

# I. Begriffe

*Entschädigungsregelungen* sind Vorschriften, in denen bestimmt ist, daß einem von besonderen Lasten betroffenen Personenkreis in dieser oder jener Art und Höhe ein Ausgleich zu gewähren sei. Um *enteignungsrechtliche* Entschädigungsregelungen handelt es sich, wenn tatbestandlich an das Vorliegen eines enteignenden Eingriffes angeknüpft wird, es also nach dem Inhalt der Regelung ein enteignender Eingriff ist, der durch die Entschädigung ausgeglichen werden soll. Und „*salvatorisch*" endlich — ein beispielsweise auch von Bernd Bender[1] verwendeter Zusatz — drückt aus, daß es um enteignungsrechtliche Entschädigungsregelungen von eigenartig dürftigem Regelungsgehalt geht: Als Belege für die damit gemeinten „Blankoformeln"[2] dienten in der Vergangenheit meist die Entschädigungsvorschriften der Sicherstellungsgesetze vom 24. August 1965[3] sowie Art. 65 Abs. 2 des (mittlerweile geänderten[4]) Bayerischen Landesstraf- und Verordnungsgesetzes[5]. Aber zahlreiche andere Vorschriften ließen sich ebenfalls anführen[6]. Ihnen allen ist gemeinsam, daß sie den enteignenden Eingriff und seine Entschädigungsbedürftigkeit nicht eigentlich „regeln", sondern lediglich für den von ihnen in Rechnung gestellten Fall einer (etwa) eintretenden

---

[1] Staatshaftungsrecht, 2. Auflage, 1974, Rdnr. 77; ferner *Rüdiger Breuer*, Die Bodennutzung im Konflikt zwischen Städtebau und Eigentumsgarantie, 1976, S. 69.

[2] So *Fritz Ossenbühl*, Staatshaftungsrecht, 1976, S. 139.

[3] Es sind dies die §§ 15 Abs. 1 des Gesetzes über die Sicherstellung von Leistungen auf dem Gebiet der gewerblichen Wirtschaft sowie des Geld- und Kapitalverkehrs (Wirtschaftssicherstellungsgesetz) in der Fassung vom 3. Oktober 1968 (BGBl. I S. 1069), 23 Abs 2 des Gesetzes zur Sicherstellung des Verkehrs in der Fassung vom 8. Oktober 1968 (BGBl. I S. 1082), 17 Abs. 1 des Gesetzes zur Sicherstellung der Versorgung mit Erzeugnissen der Ernährungs- und Landwirtschaft sowie der Forst- und Holzwirtschaft in der Fassung vom 4. Oktober 1968 (BGBl. I S. 1075) und 19 Abs. 1 des Gesetzes über die Sicherstellung von Leistungen auf dem Gebiet der Wasserwirtschaft für Zwecke der Verteidigung vom 24. August 1965 (BGBl. I S. 1225).

[4] Die vormals in Art. 65 Abs. 2 enthaltene gewesene Regelung ist mit der Neufassung des Gesetzes vom 7. November 1974 (GVBl. S. 753) im wesentlichen in Art. 11 Abs. 2 übergegangen.

[5] Gesetz über das Landesstrafrecht und das Verordnungsrecht auf dem Gebiet der öffentlichen Sicherheit und Ordnung (Landesstraf- und Verordnungsgesetz — LStVG) in der Fassung vom 19. November 1970 (GVBl. S. 601).

[6] So beispielsweise § 19 Abs. 3 des Gesetzes zur Ordnung des Wasserhaushalts (WHG) in der Fassung der Bekanntmachung vom 16. Oktober 1976

Enteignungswirkung Vorsorge zu treffen suchen. In diesem Sinne heißt es in § 15 Abs. 1 Satz 1 des Wirtschaftssicherstellungsgesetzes[7]: „Stellt eine Maßnahme auf Grund dieses Gesetzes oder einer nach diesem Gesetz erlassenen Rechtsverordnung eine Enteignung dar, ist eine Entschädigung in Geld zu leisten"[8].

## II. Salvatorische Regelungen und Junktimklausel

Der Grund, derart substanzarme Entschädigungsregelungen als salvatorisch zu bezeichnen, ergibt sich aus der sogenannten Junktimklausel in Art. 14 Abs. 3 Satz 2 GG: Art. 14 Abs. 3 GG erklärt — im Anschluß an die dort vorangehende Eigentumsgewährleistung — eine Enteignung für zum Wohle der Allgemeinheit zulässig (Satz 1) und fügt hinzu, daß eine solche Enteignung „nur durch Gesetz oder auf Grund eines Gesetzes erfolgen" dürfe, „das Art und Ausmaß der Entschädigung regelt". Mit diesem „Entschädigungs-Junctim"[9] unterwirft das Grundgesetz den (nachkonstitutionellen)[10] Gesetzgeber einer Regelungs-, Substantiierungs- oder „Bestimmtheitsanforderung"[11], der man einen gedanklichen Zusammenhang mit der in Art. 80 Abs. 1 Satz 2 GG getroffenen Regelung nachsagen darf: Der Gesetzgeber kann eine Enteignung rechtswirksam nur vornehmen bzw. der Exekutive die Vornahme einer Enteignung rechtswirksam nur erlauben — im folgenden wird um der

---

(BGBl. I S. 3017), § 20a des Landesjagdgesetzes Baden-Württemberg in der Fassung vom 20. Dezember 1978 (GBl. S. 12), Art. 17 Abs. 2 des Bayerischen Immissionsschutzgesetzes vom 8. Oktober 1974 (GVBl. S. 499), § 45 des Bremischen Wassergesetzes vom 13. März 1962 (GBl. S. 59), § 26 Abs. 1 Satz 1 des Hessischen Gesetzes zum Schutze der Kulturdenkmäler vom 23. September 1974 (GVBl. S. 450), § 24 Abs. 1 Satz 1 des Fischereigesetzes für das Land Nordrhein-Westfalen vom 11. Juli 1972 (GVBl. S. 226), § 16 Abs. 2 des Straßengesetzes Nordrhein-Westfalen in der Fassung vom 18. Dezember 1975 (GVBl. S. 706), § 58 Abs. 1 des Landesforstgesetzes Rheinland-Pfalz in der Fassung vom 2. Februar 1977 (GVBl. S. 21) und § 23 Abs. 1 des Waldgesetzes für das Saarland (Landeswaldgesetz) vom 26. Oktober 1977 (Amtbl. S. 1009).

[7] s. Anm. 3.

[8] Das Gesetz fährt in den Sätzen 2 und 3 fort: „Die Entschädigung bemißt sich nach dem für eine vergleichbare Leistung im Wirtschaftsverkehr üblichen Entgelt. Fehlt es an einer vergleichbaren Leistung oder ist ein übliches Entgelt nicht zu ermitteln, ist die Entschädigung unter gerechter Abwägung der Interessen der Allgemeinheit und der Beteiligten zu bemessen".

[9] So *Hans Peter Ipsen*, VVDStRL 10, S. 78.

[10] „Bei ... ‚vorkonstitutionellen' Enteignungsgesetzen gilt das Junktim von Enteignung und Entschädigungsregelung nicht" (BVerfG, Beschluß vom 26. Oktober 1977 — 1 BvL 9/72 — BVerfGE 46, 268 [288]).

[11] So *Jürgen Salzwedel*, Die Entschädigungspflicht bei der Festsetzung von Wasserschutzgebieten, 1970, S. 19 (und ff.).

## II. Salvatorische Regelungen und Junktimklausel

Vereinfachung willen allein vom zweiten Fall, also von der Enteignung „auf Grund eines Gesetzes", die Rede sein —, wenn er sich in seinem Gesetz hinreichend auch zur Entschädigungspflicht äußert. Auf dieser Verknüpfung von Enteignungserlaubnis und Entschädigungspflicht liegt bei der Junktimklausel die Betonung. Das heißt: Der Gesetzgeber, der der Exekutive enteignende Eingriffe zu ermöglichen wünscht, muß ihr dafür nicht nur überhaupt eine gesetzliche Grundlage zur Verfügung stellen. Das muß er ohnedies, weil bekanntlich alle administrativen Eingriffe in die Rechtssphäre des Bürgers einer gesetzlichen Grundlage bedürfen, und weil daher die Junktimklausel des Art. 14 Abs. 3 Satz 2 GG, soweit sie das besagt, lediglich wiederholt, was sich bereits aus dem Grundsatz der Gesetzmäßigkeit der Verwaltung ergibt[12]. Ebensowenig hat die Junktimklausel ihre entscheidende Bedeutung darin, daß sie den Gesetzgeber hindert, sich bei den von ihm geschaffenen gesetzlichen Enteignungsgrundlagen mit substanzlosen Blankovollmachten zufrieden zu geben. Auch das verwehrt ihm (nicht erst die Junktimklausel des Art. 14 Abs. 3 Satz 2 GG, sondern) schon das mit dem Gesetzmäßigkeitsgrundsatz verbundene, seinerseits zu dem erwähnten Art. 80 Abs. 1 Satz 2 GG in Beziehung stehende allgemeine Bestimmtheitsgebot[13]. Was in der Junktimklausel an wahrhaft Eigenständigem steckt, ist vielmehr, daß sie dem allgemeinen Bestimmtheitsgebot eine zusätzliche Richtung gibt: Der Gesetzgeber hat bei der Schaffung gesetzlicher Enteignungsgrundlagen zugleich — uno actu[14] — die Entschädigungsgewährung zu regeln. Anderenfalls ist der enteignende Zugriff rechtswidrig, „weil keine der Verfassung gemäße Rechtsgrundlage vorliegt, die die verfassungsrechtliche Duldungspflicht des Betroffenen in rechtsstaatlicher Weise konkretisiert ... und den Eingriff in das Eigentum legitimiert"[15].

---

[12] Die Stellung des Art. 14 Abs. 3 Satz 2 GG als Spezialregelung zum allgemeinen Gesetzmäßigkeitsgrundsatz (vgl. BVerfG, Beschluß vom 12. November 1958 — 2 BvL 4/56 — BVerfGE 8, 275 [325]) heben auch *Volker Gronefeld*, Preisgabe und Ersatz des enteignungsrechtlichen Finalitätsmerkmals, 1972, S. 62 sowie *Eberhard Schmidt-Aßmann*, Verfassungsrechtliche Grundlagen und Systemgedanken einer Regelung des Lärmschutzes an vorhandenen Straßen; Forschung, Straßenbau und Straßenverkehrstechnik, herausgegeben vom Bundesminister für Verkehr; Heft 276/1979, S. 6 hervor.

[13] Dazu mit weiteren Nachweisen BVerwG, Urteil vom 21. Oktober 1970 — IV C 95.68 — Buchholz 407.4 § 8 FStrG Nr. 6 S. 4 [7 f.].

[14] Vgl. etwa *Werner Weber*, Eigentum und Enteignung, in Neumann / Nipperdey / Scheuner, Die Grundrechte, Band 2, 1954, S. 384 sowie BVerfGE 46, 268 [286] [Anm. 10]; auflockernd allerdings BVerfG, Beschluß vom 10. Mai 1977 — 1 BvR 514/68 — BVerfGE 45, 297 [320] zur Zusammenfassung von Vorschriften des Personenbeförderungsgesetzes und des Landesenteignungsrechts.

[15] So BVerfGE 46, 268 [287] [Anm. 10].

## III. Die Erfüllbarkeit der Junktimklausel

Die Frage, mit der sich die nachfolgenden Ausführungen beschäftigen, geht dahin, ob der Gesetzgeber der Junktimklausel dadurch genügen, ob er sich ihr gegenüber dadurch „salvieren" kann, daß er eine Entschädigungsregelung von so blasser Wenn-Dann-Beschaffenheit trifft, wie sie beispielsweise § 15 Abs. 1 Satz 1 des Wirtschaftssicherstellungsgesetzes enthält. Das wird im Schrifttum unterschiedlich beurteilt[16]. Von den Gerichten scheinen salvatorische Entschädigungsregelungen bisher toleriert worden zu sein[17], dies allerdings, soweit sich übersehen läßt, ohne daß es jemals zu einer näheren Erörterung der besonderen Problematik dieser Regelungen gekommen wäre. Kaum Meinungsverschiedenheiten gibt es freilich darüber, daß eine so allenfalls halbherzige Befolgung des Junktimgebotes alles andere als optimal, sondern mindestens „unglücklich" ist[18]. Das legt die (Vor-)Frage nahe, weshalb salvatorische Regelungen dennoch einige Verbreitung gefunden haben. Danach zu fragen, drängt sich noch verstärkt deshalb auf, weil es offenbar eine Vielzahl von Entschädigungsregelungen gibt, die es keineswegs bei einem solchen Versuch formaler Salvierung bewenden lassen. Trifft also den Gesetzgeber, wo er sich mit einer salvatorischen Regelung behilft, der Vorwurf, es sich zu einfach und damit das ganze Junktim „zu einer bequemen Redewendung"[19] gemacht zu haben? Man kann das nicht einfach verneinen. Aber bejahen läßt es sich so ohne weiteres doch ebenfalls nicht. Daran hindert vor allem die Einsicht, daß die Befolgung des Junktimgebotes dem Gesetzgeber beträchtliche Schwierigkeiten bereiten kann. Einige meinen sogar, daß es den Gesetzgeber in „ein kaum lösbares Dilemma" versetze[20] und daß

---

[16] Die Verfassungsmäßigkeit bejahen *Gronefeld* [Anm. 12] S. 66 f., 82, 87 f., *R. Schneider* VerwArch. 58, 339 (mit Anm. 188) sowie — mit mehr oder weniger kritischem Beiton — (wohl) auch *Friedrich Kreft*, Aufopferung und Enteignung, Begriffe und Grundsätzliches in der Rechtsprechung des Bundesgerichtshofs, 1968, S. 24 sowie in der sich seinem Vortrag anschließenden Aussprache [i. folg.: Aussprache] S. 34, *Theodor Maunz* in Maunz/Dürig/Herzog, Grundgesetz, Art. 14, Rdnr. 126, *Ossenbühl* [Anm. 2] S. 139 f. und *Hans Schneider* in der Aussprache S. 35 f.; verneinend demgegenüber *Bender* [Anm. 1] Rdnr. 77, *Breuer* [Anm. 1] S. 68 f. (mit Anm. 248), *Rudolf Rausch* DVBl. 1969, 168, *Johann Georg Reissmüller* JZ 1959, 261 und *Walter Schick* DVBl. 1962, 776.

[17] So ausdrücklich BVerwG, Urteil vom 27. Januar 1967 — IV C 228. 65 — BVerwGE 26, 131 [133], wenn dort über Art. 65 Abs. 2 LStVG [Anm. 5] ohne weitere Vertiefung gesagt wird, mit ihm sei „dem Verlangen des Art. 14 GG Genüge getan".

[18] So *H. Schneider* [Anm. 16] S. 36.

[19] So *Maunz* [Anm. 16] Art. 14, Rdnr. 126.

[20] So *Ossenbühl* [Anm. 2] S. 139.

deshalb die ganze Junktimklausel überhaupt — so ein häufig zitiertes Urteil Walter Jellineks[21] — eine „Crux" sei.

## IV. Das rechtsstaatliche Ziel der Junktimklausel

Daß man — und sei es auch nur bei entsprechend einseitiger Betrachtungsweise — die Junktimklausel für eine „Crux" halten kann, bedarf der Erläuterung. Es bedarf der Erläuterung um so mehr, als die rechtsstaatliche Zielsetzung der Junktimklausel außer Zweifel steht: Eine Enteignung ist einzig gegen Gewährung einer Entschädigung zulässig. Das wird — was vormalige Möglichkeiten des Entschädigungsausschlusses[22] nicht widerlegen — seit je für ein Wesensmerkmal der Enteignung gehalten, und das ist auch nach geltendem Recht jeder gesetzlichen Regelung verfassungsrechtlich vorgegeben[23]. Da jedoch die Entschädigungspflicht von Haus aus lediglich Rechtsfolge der Enteignung ist, besteht aus der Natur der Sache die Gefahr, daß sich beides voneinander löst. Es kann, anders ausgedrückt, leicht dahin kommen, daß die dazu ermächtigte Exekutive (oder daß gar der Gesetzgeber selbst) zunächst einmal enteignend zugreift und die Entschädigungsfrage in das Abseits einer „cura posterior" gerät. Dem und einer damit verständlicherweise geförderten „Tendenz zur Unbekümmertheit" tritt die Junktimklausel entgegen, — Junktimklausel ja doch eben deshalb geheißen, weil sie von dem die Enteignung gestattenden Gesetz verlangt, die von Verfassungs wegen zusammengehörenden Bestandteile des Gesamtvorganges — die enteignende Inanspruchnahme und die Gewährung einer Entschädigung — auch kraft Gesetzes zusammenzuhalten[24] und erst durch diese Aktualisierung die Entschädigungsgewährung wahrhaft zu sichern. Die Junktimklausel soll — nach einem Worte Werner Webers[25] — „um des Betroffenen und des Enteignungsinstituts selbst willen verhindern, daß die Enteignung ... ihre rechtsstaatliche Zucht verliert"; ihr Ziel ist es — so Rüdiger Breuer[26] —, „das ausufernde Rechtsinstitut der Ent-

---

[21] JZ 1955, 148 (ähnlich bereits vorher DVBl. 1951, 283).
[22] Vgl. insbesondere Art. 153 Abs. 2 Satz 2 WRV.
[23] Die „Entschädigungspflicht" ist „Bestandteil des verfassungsrechtlichen Enteignungsbegriffes" (BVerfG, Beschluß vom 7. Juni 1977 — 1 BvR 108/73 — BVerfGE 45, 63 [75]).
[24] In diesem Sinne etwa *Breuer* [Anm. 1] S. 66, *Ipsen* [Anm. 9] S. 78 und *W. Weber* [Anm. 14] S. 384.
[25] [Anm. 14] S. 384.
[26] [Anm. 1] S. 73.

eignung von der Gesetzgebung her zu domestizieren". Von dort führt so etwas wie eine Nabelschnur zurück auf „noch strengere Vorbilder des Konstitutionalismus"[27], mag das nun in der Entstehungsgeschichte der Junktimklausel eine Rolle gespielt haben oder nicht[28]: Für die (später so bezeichnete) klassische Enteignung, d. h. für die Sachgüterbeschaffung zugunsten öffentlicher Unternehmen durch Eigentumsentziehung und Eigentumsübertragung, ordnete z. B.[29] Art. 9 Satz 2 der preußischen Verfassungsurkunde vom 31. Januar 1850 an, daß sie nur gegen „vorgängige Entschädigung" zulässig sei[30], und dementsprechend bestimmte auch § 32 Abs. 1 des preußischen Gesetzes über die Enteignung von Grundeigentum vom 11. Juni 1874, daß die „Enteignung des Grundstücks ... auf Antrag des Unternehmers" erst ausgesprochen werden dürfe, „wenn nachgewiesen ist, daß die ... Entschädigungs- oder Kautionssumme rechtsgültig gezahlt oder hinterlegt ist".

## V. Vorhersehbarkeit der enteignenden Gesetzeswirkung

Die rechtsstaatliche Zielsetzung der Junktimklausel ist eine Sache, ihre Befolgbarkeit eine andere. Zwischen beiden besteht ein Spannungsverhältnis, das man fast als das eines Auseinanderklaffens von Theorie und Praxis bezeichnen möchte: Die Junktimklausel soll den Gesetzgeber dazu anhalten, für einen bestimmten Fall — für den Fall nämlich, daß ein Gesetz enteignend wirkt oder es eine Enteignung ermöglicht — eine bestimmte Regelung — eine Regelung von Art und Ausmaß der Entschädigung — zu treffen. Das kann ohne alle Schwierigkeiten nur funktionieren, wenn und soweit sich der Gesetzgeber mit vernünftigem Aufwand über die — gegebene oder nicht gegebene — Enteignungsqualität eines Gesetzes schlüssig zu werden vermag. In diesem Sich-schlüssig-Werden steckt sogar ein wesentliches Element dessen, was die Junktimklausel zu erreichen sucht. Der Gesetzgeber soll unter dem Zwang stehen, sich „des Enteignungscharakters seines Ge-

---

[27] So *Ipsen* [Anm. 9] S. 78.
[28] Dazu *Gronefeld* [Anm. 12] S. 51 und *Ipsen* [Anm. 9] S. 78.
[29] Ebenso wie er auch etwa § 30 Satz 1 der Badischen Verfassung vom 25. September 1819; vgl. außerdem § 31 Abs. 1 der Sächsischen Verfassung vom 4. September 1831 („... gegen Entschädigung, welche ohne Anstand ermittelt und gewährt werden soll").
[30] Hinweis auf das bei der sog. klassischen Enteignung herkömmlich gewahrte Entschädigungsjunktim auch bei *Ipsen* [Anm. 9] S. 78, W. *Jellinek* DVBl. 1951, 284 und W. *Weber* [Anm. 14] S. 384.

setzes jeweils bewußt" zu werden[31], um — deshalb — veranlaßt zu sein, unter gleichsam erschwerten Bedingungen seinen Regelungsentschluß noch einmal zu überdenken und, falls er an dem Entschluß festhält, „Erwägungen darüber anzustellen, in welcher Art und Höhe er ... eine Entschädigung gewähren ... will"[32]. Das kann jedoch, wie gesagt, ohne Schwierigkeiten so nur ablaufen, wenn es dem Gesetzgeber gelingt, eine beabsichtigte Regelung auf ihre Enteignungsqualität hin zu überprüfen. In dem Ausmaß, in dem er dazu außerstande ist, gerät er mit dem Junktimgebot in Bedrängnis. Denn etwas regeln zu müssen für einen Fall, dessen Vorliegen oder Nichtvorliegen ungewiß ist, zwingt den Gesetzgeber — wenn er nicht einfach das Risiko eines Verfassungsverstoßes in Kauf nehmen will — zu vorsorglichen Regelungen, und das heißt: entweder „großzügigen" oder salvatorischen Entschädigungsvorschriften.

## VI. Unschärfen des Eigentums- und des Enteignungsbegriffes

Das Funktionieren der Junktimklausel stellt demzufolge Ansprüche an den Enteignungstatbestand. Alles, was er an Präzision vermissen läßt, erschwert dem Gesetzgeber die Befolgung des Junktimgebotes. Daß sich von dort her in der Tat Schwierigkeiten ergeben, bedarf kaum näherer Ausführung. Denn daß es mit dem, was sich — auf dem Boden der herrschenden Meinung — am Enteignungstatbestand wahrhaft präzis ausmachen läßt, nicht zum besten steht, ist allgemein bekannt. Freilich wird bei der Darstellung dieses Zustandes nicht selten übertrieben. Vieles ist auch mehr erörtert und dadurch zerredet worden, als dem Gegenstand zuträglich war. Aber gleichwohl: Eine Enteignung im Sinne des Art. 14 Abs. 3 GG liegt vor, wenn — soweit hier interessiert — drei Voraussetzungen erfüllt sind. Erstens muß das betroffene Interesse ein Rechtsgut sein, das seiner Art nach den Schutz der Eigentumsgewährleistung genießt; zweitens muß dieses Rechtsgut einen eingriffsbetroffenen Inhalt haben; und drittens muß der Eingriff (oder

---

[31] BVerfG, Beschluß vom 21. Juli 1955 — 1 BvL 33/51 — BVerfGE 4, 219 [235]; ferner BVerfGE 45, 63 [75 f.] [Anm. 23]; Hervorhebung dieses Zieles auch bei OVG Münster, Urteil vom 8. Oktober 1958 — III A 262/55 — JZ 1959, 359 [360], *Breuer* [Anm. 1] S. 67, *Hans-Ulrich Gallwas*, Faktische Beeinträchtigungen im Bereich der Grundrechte, 1970, S. 121, *Diether Haas*, System der öffentlichrechtlichen Entschädigungspflichten, 1955, S. 26, *Martin Kriele* DÖV 1967, 537, *Horst Kuschmann* NJW 1966, 576 und *Hans J. Wolff / Otto Bachof*, Verwaltungsrecht I, 9. Auflage, 1974, S. 550.

[32] BVerfGE 4, 219 [235] [Anm. 31].

muß die Eingriffswirkung) die Merkmale dessen aufweisen, was die Enteignung von der sogen. Eigentumsbindung, d. h. von der Inhalts- und Schrankenbestimmung nach Art. 14 Abs. 1 Satz 2 GG, unterscheidet. Die erste dieser Voraussetzungen mag hier vernachlässigt werden. Ihre Beziehung zur Junktimklausel ist nach aller Erfahrung nicht allzu eng[33]. Größere Bedeutung kommt der zweiten Voraussetzung zu. Bei ihr steht in Frage, „wie weit sich [jeweils] der verfassungsrechtlich geschützte Bereich des Eigentums erstreckt"[34], beispielsweise also, wo jeweils „die Schutzgrenzen des verfassungsmäßig garantierten Grundeigentums"[35] liegen, oder — konkreter — etwa, unter welchen Umständen eine nicht verwirklichte Nutzungsmöglichkeit zum gewährleisteten Eigentumsinhalt gehört. Nicht minder wichtig ist die dritte Voraussetzung, auf die sich der bekannte Streit bezieht, ob das Merkmal des „Sonderopfers" oder das der „Schwere", das der „Unzumutbarkeit" oder das der „Zweckentfremdung" oder welches Merkmal sonst dafür maßgebend zu sein hat, daß sich ein Eingriff als Enteignung darstellt[36].

## VII. Die Tendenz zu konkreter Würdigung

Es kann, wie gesagt, erhebliche Schwierigkeiten bereiten, sich ein verläßliches Urteil darüber zu bilden, ob bei einer bestimmten Konstellation die zweite und die dritte Voraussetzung erfüllt sind oder nicht. Das liegt, was die dritte Voraussetzung anlangt, zum geringeren Teil an dem erwähnten Theorienstreit. Die Praxis lehrt, daß die von den verschiedenen Auffassungen angebotenen Kriterien — etwa das des Sonderopfers oder das der Schwere (des Opfers) — kaum anderes sind als nur unterschiedliche Einstiege zu fast identischen Überlegungen, und daß insofern alle diese (materiellen) Theorien gleichsam zusammenfließen[37]. Der Sache nach wird nahezu einhellig darauf ab-

---

[33] Die Probleme der ersten Voraussetzung liegen — praktisch — vor allem bei der Frage, welche Vermögenspositionen von öffentlich-rechtlicher Herkunft unter dem Schutz des Art. 14 GG stehen; s. dazu etwa BVerfG, Beschluß vom 16. Oktober 1968 — 1 BvL 7/62 — BVerfGE 24, 220 [225 f.].

[34] So die Formulierung BVerfG, Beschluß vom 17. November 1966 — 1 BvL 10/61 — BVerfGE 20, 352 [355].

[35] So der Titel des Beitrages von *Friedrich Kreft* in der Festschrift für Fritz Hauß zum 70. Geburtstag, 1978, S. 203 ff.

[36] Dazu allgemein etwa *Breuer* [Anm. 1] S. 47 ff. mit weiteren Nachweisen.

[37] In diesem Sinne auch *Josef Aicher*, Grundlagen der Staatshaftung bei rechtmäßigen hoheitlichen Eigentumsbeeinträchtigungen, 1978, S. 165, 174 ff.,

gestellt, ob der zugemutete „Verlust ... so bedeutsam ist, daß er" deshalb „als eine Enteignung" qualifiziert werden muß[38], darauf also, ob das auferlegte Opfer entschädigungslos zuzumuten ist oder nicht. Was die Vorhersehbarkeit des Enteignungsfalles und damit zugleich den gesetzgeberischen Umgang mit der Junktimklausel belastet, ist weniger das Konkurrieren mehrerer Enteignungstheorien als die ihnen gemeinsame Festlegung auf ein materielles Kriterium und ist mehr noch ein Phänomen, das der zweiten und dritten Voraussetzung gemeinsam ist: Die hier wie dort geforderte Grenzziehung geschieht mit einem betonten Zug zu konkreter Würdigung[39], ja, sie geschieht bisweilen wohl sogar in einer Art, die Gefahr läuft, in eine mit dem „Sonderopfer", der „Schwere" oder der „Unzumutbarkeit", ebenso aber auch mit der „Situationsgebundenheit" oder der Differenzierung nach „Pflicht" und „Pflichtigkeit"[40] nur noch verbal hantierenden reinen Billigkeitsbetrachtung abzugleiten[41].

## VIII. Die Belastung des Gesetzgebers

Das alles erschwert es, zum Eigentumsinhalt und zur Enteignung verläßliche Prognosen zu stellen. Diese Schwierigkeiten sind nicht der Junktimklausel anzulasten. Sie sind ihr vorgegeben. Aber das ändert nichts daran, daß sie unter dem Einfluß des Junktimgebotes eine erhebliche Zuspitzung erfahren. Günter Dürig hat darüber schon 1954

---

179 ff., 220 f. und 226, *Breuer* [Anm. 1] S. 58 f. und 64 ff., *Günter Dürig* JZ 1954, 6, *Gronefeld* [Anm. 12] S. 40, Anm. 22, *Kreft* [Anm. 16] S. 22, *Walter Leisner*, Sozialbindung des Eigentums, 1972, S. 151 ff. und 191, *Schmidt-Aßmann* [Anm. 12] S. 8 und 11, *H. Schneider* [Anm. 16] S. 29 sowie *Hans Schulte*, Zur Dogmatik des Art. 14 GG, 1979, S. 11 f.

[38] So BVerfG, Urteil vom 18. Dezember 1968 — 1 BvR 638/64 — BVerfGE 24, 367 [395]; s. ferner die Zusammenfassung etwa bei Dürig JZ 1954, 6 („... wenn die auferlegte Beschränkung nach ihrer Schwere und Tragweite unter Verletzung des Gleichheitssatzes ein besonderes Opfer" bedeutet).

[39] Darauf weist zu Recht vor allem *Eberhard Schmidt-Aßmann* DVBl. 1976, 170 hin. Vgl. insoweit auch (zur vorgelagerten Stufe der noch nicht enteignungsrechtlichen Unzumutbarkeit) BVerwG, Urteil vom 11. Februar 1977 — IV C 9.75 — Buchholz 406.25 § 4 BImSchG Nr. 2 S. 1 [8] (Maßgeblichkeit „der konkreten Schutzwürdigkeit und Schutzbedürftigkeit der betroffenen Rechtsgüter"); vgl. im übrigen zur Unterscheidung zwischen verschiedenen Stufen der Unzumutbarkeit BVerwG, Urteil vom 21. Mai 1976 — IV C 80.74 — BVerwGE 51, 15 [29].

[40] Dazu *Verfasser* DÖV 1977, 422.

[41] Vgl. *Verfasser*, Bauen im Außenbereich, 1979, S. 260; ferner *Leisner* [Anm. 37] S. 151 f.

folgendes geschrieben[42]: „Alle Gesetze, die irgendwie die Vermögenssphäre tangieren (und welches Gesetz auf dem Gebiet des Bau-, Wirtschafts- und Preisrechts täte das nicht), können im konkreten Anwendungsfall ... zu einem vom Gesetzgeber weder beabsichtigten noch vorausgesehenen unzumutbaren Eingriff in die Vermögenssphäre des Einzelnen führen. ... Möglicherweise nach Jahren und nach einem langwierigen Prozeß ‚erkennt' irgendein Rechtsanwender das längst überall praktizierte Gesetz als ‚Enteignungsgesetz'. Von nachträglichen, weitgehend subjektiven Erwägungen über die Zumutbarkeit des konkreten Vermögenseingriffs hängt dann die Frage, ab, ob das Gesetz vor der Verfassung gilt. Man kann sich im Wohlfahrtsstaat ... kaum noch Gesetze vorstellen, die frei von dieser Gefahr sind, eines Tages als verfassungswidrige Enteignungsgesetze erkannt [?] zu werden. Jedes förmliche Gesetz, das die Vermögenssphäre berührt, ist angesichts dieser Junktimklausel des Art. 14 III gewissermaßen in seiner Gültigkeit auflösend bedingt durch eine bei seinem Vollzug auftauchende besondere unzumutbare Opferlage". Das ist, wie die Erfahrung lehrt, eine die Sachlage stark überzeichnende Diagnose. Sie überzeichnet vor allem darin, daß sie Schwierigkeiten einer genauen Grenzbestimmung so umdeutet, als lasse sich letztlich überhaupt nichts sicher Ab- und Ausgrenzendes über den Eintritt des Enteignungsfalles sagen. Davon kann keine Rede sein. Es gibt zahlreiche Sachverhalte, die sich ohne weiteres dem Enteignungstatbestand zuordnen lassen, und es gibt noch weitaus mehr Sachverhalte, für die das ebenso sicher verneint werden kann. Aber man muß zugeben, daß der Bereich dessen, was Walter Jellinek einmal die „Sphäre des möglichen Zweifels" genannt hat[43], nicht gering ist. Und sobald man es (nur) darauf bezieht, ist mit der 25 Jahre zurückliegenden Würdigung von Dürig mindestens im Kern zutreffend herausgestellt, was vom Enteignungstatbestand her die Junktimklausel belastet und ihre Wahrung für den Gesetzgeber zu einer „Crux" machen kann.

## IX. Die Zulässigkeit formaler Salvierung

Von einer solchen „Crux" könnte allerdings nicht gesprochen werden, wenn salvatorische Regelungen der eingangs vorgeführten inhaltlichen Dürftigkeit zur Wahrung des Junktimgebotes genügten. Dann nämlich

---

[42] JZ 1954, 8.
[43] VVDStRL 12, S. 117.

brauchte der Gesetzgeber keine besondere Mühe auf die Erkenntnis zu verwenden, ob ein Gesetz, das er zu erlassen beabsichtigt, zu Enteignungswirkungen führen kann. Es reichte aus, wenn er überall dort, wo sich auch nur der Schein des Verdachtes regt, daß es im Zuge der Gesetzesanwendung zu Enteignungsfällen kommen könnte, das Plazet einer salvatorischen Entschädigungsregelung hinzufügte. „Kopfschmerzen" brauchte ihm dann, wie schon Theodor Maunz nicht ohne Spott gesagt hat[44], nicht die Befolgung des Junktimgebotes, sondern allenfalls die Erwägung zu machen, „ob [im Einzelfall] die Entschädigungsregelung in einem Gesetz nicht [dennoch lieber] deswegen weggelassen werden sollte, um nicht allzusehr die Begehrlichkeit der Betroffenen zu reizen". Als verfassungsrechtliche Anforderung wäre die Junktimklausel jedenfalls durchschlagend entschärft. Das ist die entscheidende Konsequenz, und wegen dieser Konsequenz ordnet sich die — von einigen offenbar so auch gedachte[45] — Befürwortung salvatorischer Entschädigungsregelungen in die Vielzahl der Vorschläge ein, die — so von Friedrich Klein bezeichnet[46] — der „Entgiftung der Junctim-Klausel" gelten. Es sind dies Vorschläge, die sämtlich darauf zielen, die Junktimklausel — je nach dem eigenen Standpunkt wird man die eine oder die andere Formulierung bevorzugen — „auszumanövrieren"[47] oder doch „weniger streng zu interpretieren"[48].

## X. „Entgiftung" der Junktimklausel

Die Bemühungen um eine „Entgiftung" der Junktimklausel lassen sich in drei voneinander nicht scharf abgrenzbare Gruppen einteilen je nachdem, an welcher Stelle sie ansetzen, um das als unerwünscht empfundene Eingreifen der Klausel abzuwenden, — bei der Geltungsreichweite des Art. 14 Abs. 3 Satz 2 GG, bei seinem Tatbestand — dem eigentlichen Junktim also — oder aber bei der Rechtsfolge eines Verstoßes gegen ihn.

---

[44] [Anm. 16] Art. 14 Rdnr. 126; ähnlich auch *Hermann Weitnauer* in der Aussprache [Anm. 16] S. 34.
[45] In diesem Sinne *Gronefeld* [Anm. 12] S. 66 ff., 82 und 87 f. sowie *R. Schneider* VerwArch. 58, 339 mit Anm. 188.
[46] In v. Mangoldt / Klein, Grundgesetz, 2. Auflage, 1957, Art. 14, Anm. VII, 8b.
[47] So *Reissmüller* JZ 1959, 360 [zu OVG Münster, Urteil vom 8. Oktober 1958 — III A 262/55 — JZ 1959, 359].
[48] So *Breuer* [Anm. 1] S. 69.

X. „Entgiftung" der Junktimklausel

### 1. Die Geltungsreichweite der Junktimklausel

Den auf die — Verminderung der — Geltungsreichweite der Junktimklausel zielenden „Entgiftungsversuchen" ist bei allen Unterschieden im einzelnen gemeinsam, daß sie Art. 14 Abs. 3 GG und folgeweise [!] auch die Junktimklausel auf einen im Vergleich zur herrschenden Meinung verengten und zudem in seinen Merkmalen möglichst formalen Enteignungsbegriff beziehen wollen[49]. Vorherrschend ist das Bestreben, zum (mehr oder weniger modifizierten) klassischen Enteignungsbegriff zurückzukehren[50], also etwa zu dem, was das Reichsgericht in seiner späteren Rechtsprechung unter Enteignung verstanden hat[51]. Argumentiert wird zumeist gerade von der Junktimklausel her: Der Gesetzgeber müsse wegen der Junktimklausel die Enteignungswirkung vorhersehen können; die Junktimklausel setze voraus, daß er gerade in dieser Hinsicht „final" handele[52]. Das sei ihm nur bei einem darauf zugeschnittenen, d. h. einem entsprechend formalen, Enteignungsbegriff möglich. Die damit befürwortete Verengung des Enteignungstatbestandes nehmen die Anhänger dieser Auffassung in der Überzeugung in Kauf, daß die auf diese Weise aus dem Enteignungstatbestand herausfallenden Sachverhalte damit nicht etwa aus der Entschädigungspflichtigkeit entlassen, sondern daß sie als „Aufopferungsenteignungen" vom Aufopferungsgedanken als dem übergeordneten[53] und allgemeineren — seinerseits junktimfreien und deshalb auch nicht auf „finale" Eingriffe festgelegten[54] — Entschädigungsgrundsatz aufgefangen werden[55].

---

[49] Repräsentativ ist dafür namentlich *Haas* [Anm. 31] S. 23 f., 36, 53 und 74 im Anschluß an *Ipsen* [Anm. 9] S. 80 und 93 f.

[50] Dafür hat sich vor allem *Dürig* JZ 1954, 5, 7 f. und 9 ff. ausgesprochen; gegen ihn vor allem *Ulrich Scheuner* DÖV 1954, 587 ff.; vgl. ferner etwa *Wolff / Bachof* [Anm. 31] S. 548.

[51] s. dazu insbesondere das Urteil vom 27. Februar 1932 — RGZ 135, 308 [311].

[52] In diesem Sinne *Aicher* [Anm. 37] S. 393, *Karl Heck* in der Aussprache [Anm. 16] S. 36, *Günter Janssen*, Der Anspruch auf Entschädigung bei Aufopferung und Enteignung, 1961, S. 177 f. und 192, *Kriele* DÖV 1967, 537, *Kuschmann* NJW 1966, 576, *Robert v. Schalburg* NJW 1978, 307, *H. Schneider* [Anm. 16] S. 31, *Klaus Vogel* in der Aussprache [Anm. 16] S. 31, *Heinz Wagner* NJW 1967, 2338; vgl. ferner *Verfasser*, Empfiehlt es sich, die Folgen rechtswidrigen hoheitlichen Verwaltungshandelns gesetzlich zu regeln? Gutachten B zum 47. Deutschen Juristentag, 1968, S. 167 f.

[53] Die Überordnung des Aufopferungs(ausgleichs)gedankens ist als solche unbestritten. Der Bundesgerichtshof bezeichnet das als „Aufopferung im weiteren Sinne" (Urteil vom 6. November 1964 — VI ZR 24/63 — DVBl. 1965, 83 [84]).

[54] Vgl. *Janssen* [Anm. 52] S. 178.

## 2. Die Beschränkung auf das Vorhersehbare

Derselbe Gedanke kehrt in abgeschwächter Form bei denen wieder, die mit ihrem Hinweis auf die Grenzen der Vorhersehbarkeit des Eintritts enteignender Gesetzeswirkungen nicht — dann notwendig mit Konsequenzen für den gesamten dritten Absatz — den Enteignungsbegriff verengen, sondern die speziell in die Junktimklausel ein einschränkendes, jenen Grenzen der Vorhersehbarkeit Rechnung tragendes Tatbestandsmerkmal hineinlesen wollen. Da, so sagen sie, auch für den Gesetzgeber gelten müsse, daß er nicht verpflichtet sein könne, etwas zu tun, was ihm (mangels Vorhersehbarkeit) zu tun unmöglich sei[55], gelte das Junktimgebot nicht für solche Enteignungswirkungen, die der Gesetzgeber nicht vorhersehen könne[57], oder es gelte doch — ein sich damit weitgehend deckendes Kriterium — dann nicht, wenn eine Vorschrift mit sozusagen ihrem Regelungskern niemanden enteignend belaste, sondern eine Enteignungswirkung lediglich im Zuge der Gesetzesanwendung bei Hinzutreten besonderer Umstände eintrete[58].

---

[55] Vgl. zum Vertrauen auf die Auffangfähigkeit des Aufopferungsgedankens *Bender* [Anm. 1] Rdnr. 81 sowie *Günther Jaenicke*, VVDStRL 20, S. 154 f. Der Bundesgerichtshof kommt darin zu einem anderen Ergebnis. Die von ihm vorgenommene Zerlegung der Aufopferung im weiteren Sinne in die Enteignung und die Aufopferung im engeren Sinne danach, ob ein vermögenswertes oder ein nicht-vermögenswertes Rechtsgut betroffen ist (vgl. Urteil vom 25. Mai 1959 — III ZR 39/58 — BGHZ 30, 123 [125]; s. ferner *Kreft* [Anm. 16] S. 16) verbindet sich mit der Annahme, daß „alle Eigentumsbeeinträchtigungen durch Eingriffe von hoher Hand, die nicht als Inhalts- und Schrankenbestimmungen ... zu rechtfertigen sind", als ‚Enteignungen' ... nach Art. 14 GG eine Entschädigungspflicht" auslösen (so *Kreft* S. 15). Darin wird deutlich, daß die an sich in der Tat nur die Begriffsbildung und die Terminologie betreffende Frage, wie die Enteignung und die Aufopferung gegeneinander abzugrenzen sind, sich so gut wie untrennbar jeweils mit ganz bestimmten Sachansätzen verbindet (nicht unbedenklich daher *Ossenbühl* [Anm. 2] S. 81 und *Vogel* [Anm. 52] S. 33). Der, wenn man so sagen darf, „Mut" des Bundesgerichtshofs, Eingriffe in vermögenswerte Rechtsgüter begrifflich vom Aufopferungsgedanken abzuschneiden, steht und fällt mit dem Vertrauen darauf, daß sich die Entschädigungspflicht für alle Belastungen vermögenswerter Rechtsgüter bei Art. 14 GG „unterbringen" lasse.

[56] Betonung dessen bei OVG Münster, Urteil vom 8. Oktober 1958 — III A 262/55 — JZ 1959, 359 [360]; ähnlich *Gallwas* [Anm. 31] S. 121 f. und *Janssen* [Anm. 52] S. 195; gegen dieses Argument etwa *Ernst Forsthoff*, Lehrbuch des Verwaltungsrechts, Band I, 10. Auflage, 1973, S. 350, *Gronefeld* [Anm. 12] S. 64 ff. und *Reissmüller* JZ 1959, 361.

[57] So *Otto Bachof* DÖV 1954, 594 f. (und *Wolff / Bachof* [Anm. 31] S. 550 f.), ferner *Walter Bielenberg* u. a., Entschädigungsausschluß nach § 44 Abs. 1 Satz 2 des Bundesbaugesetzes, Rechtsgutachten der Gesellschaft für Wohnungs- und Siedlungswesen, 1965, Rdnr. 8, *Klein* [Anm. 46] Art. 14, Anm. VII, 8b; vgl. außerdem *Bender* [Anm. 1] Rdnr. 80 und *R. Schneider* VerwArch. 58, 339; ablehnend demgegenüber *Breuer* [Anm. 1] S. 72 f., *Dürig* JZ 1955, 521 und *Schick* DVBl. 1962, 775; ferner BVerfGE 4, 219 [229 f.] [Anm. 31].

[58] So OVG Münster [Anm. 56] S. 360, ferner *Jaenicke* [Anm. 55] S. 155,

## 3. Der Tatbestand der Junktimklausel

Was zum Tatbestand der Junktimklausel an „Entgiftungsvorschlägen" vorgetragen worden ist, läuft darauf hinaus, dem durch die Verfassung angeordneten Junktim weniger abzuverlangen, als der wortgetreustrengen Auslegung des Art. 14 Abs. 3 Satz 2 GG entspricht. Nach diesen Vorschlägen soll ein Enteignungsgesetz auch ohne eigene Entschädigungsregelung unbedenklich sein (oder doch unbedenklich sein können), weil eine sich aus dem Gewohnheitsrecht ergebende Entschädigungspflicht[59] oder gar das in Art. 14 Abs. 3 Satz 2 GG enthaltene Entschädigungsgebot[60] ergänzend eingreife oder weil ausreiche, wenn die notwendige Entschädigungsregelung in einem untergesetzlichen Rechtssatz nachgeholt werde[61]. Diese Ansichten lassen sich sowohl in radikaler Form als auch abgemildert in der Gestalt denken, daß auf diese Weise zwar nicht eine im Gesetz völlig fehlende Entschädigungsregelung ersetzt, wohl aber eine dort unzureichende Entschädigungsregelung aufgebessert werden könne[62]. In diese Gruppe gehört auch die hier in erster Linie interessierende Befürwortung oder doch Tolerierung salvatorischer Entschädigungsregelungen. Denn die Billigung solcher Regelungen zielt gleichfalls darauf, das eigentliche Junktim dadurch zu entlasten, daß die an die Verknüpfung gestellten Anforderungen abgemildert werden.

## 4. Die Rechtsfolge der Junktimklausel

Die dritte Gruppe der Beiträge zur „Entgiftung" der Junktimklausel will unmittelbar auf die Rechtsfolge Einfluß nehmen. Ihre Anhänger sind mehr oder weniger kraß der Ansicht, daß entgegen der herrschenden Meinung[63] Verstöße gegen Art. 14 Abs. 3 Satz 2 GG nicht oder doch

---

*Kriele* DÖV 1967, 537, *Ossenbühl* [Anm. 2] S. 140; vgl. außerdem *Kreft* [Anm. 16] S. 34; ablehnend demgegenüber *Forsthoff* [Anm. 56] S. 350, *Rudolf Hammer* BayVBl. 1962, 106 sowie *Reissmüller* JZ 1959, 361.

[59] So W. *Jellinek* DVBl. 1951, 284; gegen ihn z. B. *Bachof* DÖV 1954, 593, *Dürig* JZ 1954, 8 und W. *Weber* [Anm. 14] S. 385 sowie BVerfGE 4, 219 [229 f. und 231] [Anm. 31].

[60] So *Forsthoff* [Anm. 56], 2. Auflage, 1951, S. 260, *Forsthoff* hat diese Ansicht später aufgegeben (s. 6. Auflage, 1956, S. 291).

[61] In diesem Sinne VGH München, Urteil vom 16. Dezember 1963 — Nr. 35 IV 59 — BayVBl. 1964, 94; ablehnend z. B. *Breuer* [Anm. 1] S. 71 f., *Gronefeld* [Anm. 12] S. 49 f. und *Rausch* DVBl. 1969, 168.

[62] Vgl. dazu *Ipsen* AöR 78, 325 und W. *Weber* [Anm. 14] S. 385, Anm. 94; ablehnend BVerfGE 4, 219 [230 und 233] sowie 46, 268 [285] [Anm. 31 und 10].

[63] BVerfGE 4, 219 [230] [Anm. 31], 24, 367 [418] [Anm. 38] und 46, 268 [287]

## X. „Entgiftung" der Junktimklausel

nicht stets zur Nichtigkeit des die Enteignung gestattenden Gesetzes führen[64]. Auf dieses Ergebnis lief — in prozessualer Gewandung — die frühe Rechtsprechung des Bundesverwaltungsgerichts hinaus[65]. Außerdem ist hierher die Auffassung zu rechnen, daß ein enteignendes Gesetz ohne Entschädigungsregelung im allgemeinen kein unter die Junktimklausel fallendes Enteignungsgesetz sei; das Fehlen der Entschädigungsregelung habe nicht die Nichtigkeit des Gesetzes, sondern einzig die Rechtswidrigkeit des enteignenden Einzelakts zur Folge[66]. Zu nennen ist ferner der Versuch, die oben erörterten Grenzen der verläßlichen Vorhersehbarkeit von Enteignungswirkungen in Schranken (nicht der Anwendbarkeit der Junktimklausel, sondern) des Eintritts der Nichtigkeitsfolge umzusetzen: Bei unvorhersehbaren Enteignungswirkungen soll das dem Eingriff zugrunde liegende Gesetz regelmäßig nur in dem Umfang nichtig sein, in dem es diesen Eingriff zu decken scheint[67]. Zur dritten Gruppe gehört endlich auch die Rechtsprechung zum enteignungsgleichen Eingriff[68]. Sie nimmt allerdings unter dem Gesichtswinkel der „Entgiftung" der Junktimklausel[69] eine Sonderstellung ein. Darauf wird später noch einzugehen sein.

---

[Anm. 10], BVerwG, Urteil vom 14. Juli 1972 — IV C 8.70 — BVerwGE 40, 258 [267], ferner *Dürig* JZ 1954, 8, *Forsthoff* [Anm. 56] S. 349, *Gallwas* [Anm. 31] S. 121, *Ernst Rudolf Huber*, Wirtschaftsverwaltungsrecht, 2. Band, 2. Auflage, 1954, S. 55, *Janssen* [Anm. 52] S. 184, *Salzwedel* [Anm. 11] S. 19, *Scheuner* DÖV 1954, 590, *W. Weber* [Anm. 14] S. 384 und *Wolff/Bachof* [Anm. 31] S. 550.

[64] In dieser Nichtigkeitsfolge sehen viele das für die vermeintliche Unerträglichkeit der Junktimklausel Entscheidende; s. etwa *Breuer* [Anm. 1] S. 47, 67 f. und 73, *Gallwas* [Anm. 31] S. 121, *Janssen* [Anm. 52] S. 179, *Klein* [Anm. 46] Art. 14, Anm. VII, 8b und *Schick* DVBl. 1962, 776.

[65] Urteile vom 8. Dezember 1953 — I C 100. 53 — BVerwGE 1, 42 [43 f.] und vom 20. Mai 1954 — I C 73.53 — BVerwGE 1, 140 [144]; ablehnend BVerfGE 4, 219 [230] [Anm. 31]; ferner etwa *Bachof* DÖV 1954, 593 f. und *Scheuner* DÖV 1954, 590.

[66] So *Rausch* DVBl. 1969, 168 f.; gegen ihn z. B. *Breuer* [Anm. 1] S. 70.

[67] So *Breuer* [Anm. 1] S. 73 f.

[68] Man muß vorsorglich hinzufügen: Zum enteignungsgleichen Eingriff in der vom Bundesgerichtshof geprägten Bedeutung dieses Ausdrucks, mit dem „alle rechtswidrigen enteignenden Maßnahmen unter dem Begriff ... zusammengefaßt" werden (*Kreft* [Anm. 16] S. 16); s. zu der nicht selten abweichenden Verwendung des Wortes enteignungsgleich im Sinne von entziehungsgleich *Verfasser* [Anm. 52] S. 152, Anm. 624.

[69] Vgl. zu ihrer die Junktimklausel entschärfenden Auswirkung *Bender* [Anm. 1] Rdnr. 79, *Gronefeld* [Anm. 12] S. 51 f., 54 f., *Klein* [Anm. 46] Art. 14, Anm. VII, 8b, *Maunz* [Anm. 16] Art. 14, Rdnr. 125, *Ossenbühl* [Anm. 2] S. 140, *Helmut Rittstieg*, Eigentum als Verfassungsproblem, 1975, S. 299 f., *H. Schneider* [Anm. 16] S. 31, *Horst Sendler* ZfW 1979, 69, *W. Weber* [Anm. 14] S. 385 sowie *Verfasser* [Anm. 52] S. 158.

## 5. Absage an die „Entgiftung"

Alle diese „Entgiftungs"-Theorien lassen sich — wobei zunächst die salvatorischen Entschädigungsregelungen und die Rechtsprechung zum enteignungsgleichen Eingriff ausgenommen werden mögen — mehr oder weniger leicht in Frage stellen oder widerlegen. Sie alle sind eben „Ausweichversuche", und sie tragen von dort her sämtlich den Makel, allenfalls zweitbeste Lösungen zu sein. Meist kann man eindrucksvoll bei den Befürwortern der einen „Entgiftungs-"Richtung nachlesen, wie wenig überzeugend oder auch nur schlüssig das Bemühen der anderen Richtungen ist. „Alle diese Meinungen widersprechen dem Grundgesetz", hat das Bundesverfassungsgericht schon in seinem ersten sich mit der Junktimklausel beschäftigenden Beschluß vom 21. Juli 1955 gesagt[70], und damit hat es — nach Ernst Forsthoff[71] — „alle ... Versuche", das von dieser Klausel ausgehende „Risiko zu mildern, verworfen". Freilich gilt das — voraussetzungsgemäß — nur für die Vorschläge, die zur Entschärfung der Junktimklausel damals bereits vorlagen. Aber erstens handelt es sich bei dem, was später hinzugefügt wurde, jedenfalls im Kern um nicht mehr als nur Variationen schon bekannter Einwände, und zweitens signalisieren die jüngeren Entscheidungen des Bundesverfassungsgerichts — zumal die beiden einschlägigen Beschlüsse vom 7. Juni und 26. Oktober 1977[72] — ohnedies nichts, was darauf hindeuten könnte, daß sich eine Lockerung der Haltung des Beschlusses vom 21. Juli 1955 anbahne. Zudem gibt es von der Sache her keine Rechtfertigung zu erwarten, daß das Bundesverfassungsgericht die Stellung und Bedeutung der Junktimklausel demnächst anders einschätzen werde, als es dies bisher getan hat. Man darf nämlich, wenn man dazu eine Prognose zu stellen versucht, nicht vergessen, daß das Bundesverfassungsgericht mit seinem vergleichsweise unnachgiebigen Standpunkt nicht nur die Junktimklausel als solche verteidigt, sondern gleichzeitig erstens seine — sich für den Fall der „Entgiftung" schwächende und, wie noch zu zeigen sein wird, durch die Rechtsprechung zum enteignungsgleichen Eingriff auch spürbar geschwächte[73] — Kontrollfunktion nach Art. 100 Abs. 1 Satz 1 GG[74] und ferner zweitens das

---

[70] BVerfGE 4, 219 [230] [Anm. 31].
[71] [Anm. 56] S. 349.
[72] BVerfGE 45, 63 und 46, 268 [Anm. 23 und 10].
[73] Darauf weist auch *Horst Sendler* DÖV 1978, 589 und ZfW 1979, 65 f. hin.
[74] Vgl. zur Bedeutung dieses Zusammenhanges BVerfGE 45, 63 [81] und 46, 268 [285 f.] [Anm. 23 und 10].

Prinzip der im Sinne des Art. 14 Abs. 3 Satz 3 GG gesetzgeberisch abgewogenen Entschädigung[75].

## XI. Salvatorische Entschädigungsregelungen als „Entgiftung"

Das Vorangegangene läßt noch offen, wie die eingangs vorgestellten salvatorischen Entschädigungsregelungen zu beurteilen sind. Daß auch sie die verbreitet angestrebte „Entgiftung" nicht verfassungsgemäß zu erreichen vermögen, liegt allerdings nahe. Die gesamten Auseinandersetzungen um die Junktimklausel liefen auf mehr oder weniger leeres Gerede hinaus, wenn es möglich wäre, dieser Klausel auf so einfache, substantiell nicht (oder doch kaum) über das schon in der Verfassung Angeordnete hinausführenden und deshalb die Junktimklausel aller Zähne beraubenden Weise gerecht zu werden. Indes scheint das der Wortlaut des Art. 14 Abs. 3 Satz 2 GG nicht unbedingt auszuschließen. Offenbar hängt alles davon ab, was gemeint ist, wenn es in der Verfassung heißt, Art und Ausmaß der (Enteignungs-)Entschädigung müßten jeweils im Gesetz [ge-]„regelt" sein.

### 1. Warn- und Verknüpfungsfunktion der Junktimklausel

Es wird allgemein angenommen, daß die Junktimklausel zwei Aufgaben habe[76]. Sie soll erstens der Enteignung das „rechtsstaatlich geordnete Verfahren" sichern[77], und das bedeutet — wie schon eingangs unterstrichen[78] — vor allem, daß dem Gesetzgeber aufgegeben ist, durch seine Regelung zusammenzuhalten, was nach der Verfassung zusammengehört, nämlich den enteignenden Eingriff und die mit ihm verbundene Entschädigungsgewährung. Das soll im folgenden als Verknüpfungsfunktion bezeichnet werden. Im Unterschied zu ihr hat die andere Aufgabe der Junktimklausel wesentlich mit dem zu tun, was ebenfalls bereits oben[79] unter Hinweis darauf herausgestellt wurde,

---

[75] Vgl. zur Bedeutung dieses Zusammenhanges BVerfGE 45, 63 [75 f.] und 46, 268 [296] [Anm. 23 und 10].
[76] BVerfGE 46, 268 [286] [Anm. 10] („... kommt eine doppelte Funktion zu ...").
[77] BVerfGE 46, 268 [287] [Anm. 10].
[78] s. S. 11.
[79] s. S. 12 f.

daß sich der Gesetzgeber stets über die enteignende Wirkung seines Gesetzes schlüssig zu werden habe. Man pflegt das die Warnfunktion zu nennen[80]. Ihr Ziel ist vor allem, den Gesetzgeber zu der Entscheidung anzuhalten, die ihm Art. 14 Abs. 3 Satz 3 GG zugesteht, zugleich aber auch auferlegt[81]: *Er* soll für den Fall der Enteignung über Art und Ausmaß der Entschädigung befinden.

## 2. Tatbestand und Rechtsfolge der Entschädigungsregelungen

Die Beantwortung der Frage, wie sich die salvatorischen Entschädigungsregelungen zu diesen beiden Funktionen der Junktimklausel verhalten, macht es erforderlich, folgendes zu beachten: Auch Entschädigungsregelungen setzen sich aus Tatbestand und Rechtsfolge zusammen. Die salvatorischen Entschädigungsregelungen — jedenfalls die salvatorischen Entschädigungsregelungen der eingangs mit Beispielen belegten Art — fallen durch die „Kürze" sowohl ihres Tatbestandes als auch ihrer Rechtsfolge aus dem Rahmen. Ihr Tatbestand wird — ob nun durch andere Worte verdeckt oder nicht — durch das Merkmal der „Enteignung(swirkung)" erschöpft; ihre Rechtsfolge ist hinsichtlich des Umfangs der Entschädigung etwa durch das Merkmal „angemessen" und hinsichtlich der Art der Entschädigung — ausdrücklich oder sinngemäß — mit der Festlegung auf „Geld" geregelt. Diese Kürze im Entschädigungstatbestand muß selbstverständlich nicht allemal mit einer Kürze auch in der Rechtsfolge zusammentreffen, und sie treffen in der Praxis auch nicht immer zusammen. Selten ist es allerdings so, daß sich einem — im Sinne des Gesagten — kurzen Tatbestand eine detaillierte Regelung der Rechtsfolge anschließt. Immerhin könnte dafür § 12 Abs. 1 des Schutzbereichsgesetzes[82] ein Beispiel sein, wenn unter-

---

[80] BVerfGE 46, 268 [287] [Anm. 10]; ferner etwa *Dürig* JZ 1954, 8 und *Janssen* [Anm. 52] S. 178.

[81] Vgl. BVerfGE 46, 268 [285: „aufgetragen", 296: „aufgegeben"] sowie *Verfasser*, Anmerkung zu diesem Beschluß des Bundesverfassungsgerichts vom 26. Oktober 1977, in Bonath, Entscheidungen zum Planungsrecht (EPlaR) V BVerfG 10.77/18 f.

[82] Gesetz über die Beschränkung von Grundeigentum für die militärische Verteidigung vom 7. Dezember 1956 (BGBl. I S. 899). Er lautet: „Entstehen durch die Einwirkungen nach diesem Gesetz dem Eigentümer ... Vermögensnachteile, so ist dafür eine angemessene Entschädigung in Geld zu leisten. Hierbei ist die entzogene Nutzung, die Beschränkung oder Zerstörung der Sache unter gerechter Abwägung der Interessen der Allgemeinheit und der Beteiligten zu berücksichtigen. Für entgangenen Gewinn und für sonstige Vermögensnachteile, die nicht in unmittelbarem Zusammenhang mit dem Entzug der Nutzung an einem im Schutzbereich gelegenen Gegenstand stehen, ist den in Satz 1 bezeichneten Personen eine Entschädigung zu zahlen,

### XI. Salvatorische Entschädigungsregelungen als „Entgiftung"

stellt wird, daß das dortige Merkmal des „Vermögensnachteils" mit dem Eintritt einer Enteignungswirkung identisch ist. Häufiger begegnet man Entschädigungsregelungen, die sich mehr oder weniger ausführlich und substanzreich um die Ausformung des Tatbestandes bemühen, dagegen in der Regelung der Rechtsfolge von einer den salvatorischen Entschädigungsregelungen gleichenden Kürze sind. Dafür ist etwa § 17 Abs. 2 Satz 1 des Straßengesetzes Baden-Württemberg[83] ein Beispiel.

#### 3. Salvatorische Regelungen und Warnfunktion

Steht — so lautet die erste Frage — die *Warnfunktion* der Junktimklausel der Verfassungsmäßigkeit salvatorischer Entschädigungsregelungen entgegen? Ich meine, daß das zu verneinen ist.

##### a) Hemmung des Gesetzgebers

Was zunächst das Verhältnis zwischen Warnfunktion und salvatorischen *Tatbeständen*, also zwischen der Warnfunktion und der für die salvatorischen Entschädigungstatbestände typischen Bezugnahme auf den etwaigen Eintritt von Enteignungswirkungen, anlangt, gilt folgendes: Der mit Warnfunktion bezeichnete Zwang, sich jeweils über den Enteignungscharakter eines Gesetzes schlüssig und sich damit gleichzeitig für den Fall einer Enteignungswirkung der dann unvermeidbaren Entschädigungsgewährung bewußt zu werden, wirkt der Übereilung und Unbekümmertheit des Gesetzgebers entgegen; er ist geeignet, den Gesetzgeber von enteignenden Eingriffen eher abzuhalten, als ihn dazu anzuregen. Das dient dem Schutz sowohl des Eigentums als auch der — durch die Enteignungsentschädigungen belasteten — öffentlichen Haushalte[84]. Daraus läßt sich jedoch nichts herleiten, was sich der Zulässigkeit salvatorischer Entschädigungstatbestände entgegensetzen ließe[85]. Das Ausmaß der Hemmung des Gesetzgebers hängt nicht oder doch nicht entscheidend davon ab, ob er sich nur der *Möglichkeit* des

---
wenn und soweit dies zur Abwendung und zum Ausgleich unbilliger Härten geboten erscheint".

[83] Vom 20. März 1964 (GesBl. S. 27) in der Fassung des Gesetzes vom 21. Juni 1977 (GesBl. S. 227). Er lautet: „Wird einem Straßenanlieger durch die Änderung oder Einziehung einer Straße der rechtmäßige und für die ordnungsmäßige Bewirtschaftung notwendige Zugang zu seinem Grundstück entzogen oder wesentlich erschwert, so kann er ... eine angemessene Entschädigung in Geld verlangen, ...".

[84] Zum Schutz der öffentlichen Haushalte BVerfGE 46, 268 [287] [Anm. 10] sowie *Schmidt-Aßmann* DVBl. 1976, 171.

[85] So auch *R. Schneider* VerwArch. 58, 339; a. M. *Reissmüller* JZ 1959, 361.

Eintritts enteignender Gesetzeswirkung bewußt wird oder aber gehalten ist, die möglichen Enteignungsfälle jeweils genauer ins Auge zu fassen und tatbestandlich detailliert zu beschreiben.

### b) *Warnfunktion und Gewaltenteilung*

Das Schwergewicht der Warnfunktion liegt nicht bei ihrer Hemmungswirkung, sondern bei ihrer Bedeutung für die *Rechtsfolge* der Entschädigungsregelungen. Insoweit dient sie vornehmlich dem Schutz der öffentlichen Haushalte: Der Gesetzgeber soll sich der Enteignungsqualität seines Gesetzes bewußt werden, um veranlaßt zu sein, die ihm obliegende abwägende Entscheidung über Art und Ausmaß der Entschädigung zu treffen[86]. In dieser Zielsetzung schließt die Warnfunktion — was die Absicht eines Schutzes der öffentlichen Haushalte nur unterstreicht — eine betonte Wendung an und gegen den Entschädigungsrichter ein. Der Entschädigungsrichter soll eine Entschädigung nicht schon zusprechen dürfen, wenn nach seiner Überzeugung ein enteignender Eingriff „vorliegt", sondern er soll es nur dann dürfen, wenn es sich um einen vom Gesetzgeber als Enteignung gewollten und von ihm unter eine abgewogene Entschädigung gestellten Eingriff handelt[87]. Darin liegt für den Bereich der Enteignung und Enteignungsentschädigung ein wesentlicher Beitrag zur Gewaltenteilung, über den man in Anlehnung an eine — dem ja ohnehin geistesverwandten[88] Art. 80 Abs. 1 Satz 2 GG geltende — Formulierung des Bundesverfassungsgerichts[89] sagen kann, daß sich das Grundgesetz „hier wie an anderer Stelle für eine strengere Teilung der Gewalten" entscheide.

### c) *Entschädigungsabwägung*

Auch aus der Beziehung zur Gewaltenteilung läßt sich nicht auf einen Konflikt zwischen Warnfunktion und salvatorischen Entschädigungsregelungen schließen. Zwar ist richtig, daß ein Enteignungsgesetz gerade auch die Entschädigungsfolge, also den Inhalt der Entschädigungspflicht, zu substantiieren hat[90]. Es ist auch richtig, daß dies zu den Zielen der

---

[86] BVerfGE 45, 63 [76] und 46, 268 [296] [Anm. 23 und 10]; ferner *Wilhelm Opfermann*, Die Enteignungsentschädigung nach dem Grundgesetz, 1974, S. 27 ff. sowie *Verfasser* [Anm. 81] S. 18 f.

[87] Dazu vor allem BVerfGE 4, 219 [233] und 46, 268 [285 f.] [Anm. 31 und 10]; außerdem *Sendler* DÖV 1978, 589 sowie *Schmidt-Aßmann* DVBl. 1976, 171 f.

[88] s. S. 8.

[89] Urteil vom 23. Oktober 1951 — 2 BvG 1/51 — BVerfGE 1, 14 [60].

Warnfunktion gehört. Aber ebenfalls richtig ist doch, daß das Gesetz in dieser Hinsicht um seiner Verfassungsmäßigkeit willen nur verhältnismäßig wenig leisten *muß:* Einer Entschädigungsregelung, deren Rechtsfolge dahin lautet, daß „für" den entstandenen „Vermögensnachteil" in Geld „zu entschädigen" sei[91], fehlt es *nicht* an der notwendigen Substanz. Sie enthält eine „vollständige" Bestimmung sowohl der Art als auch des Ausmaßes der Entschädigung. Sie ist übrigens auch gar nicht salvatorisch, wie sich denn hier überhaupt zeigt, daß diese Bezeichnung allein wegen der *tatbestand*lichen Dürftigkeit und nicht wegen der (knappen) Fassung der Rechtsfolge für die eingangs vorgestellten Entschädigungsregelungen paßt. Eine Enteignungsvorschrift, die gleichsam mit zwei Worten eine Entschädigung für „alles" in „Geld" vorsieht, versäumt vielleicht eine von der Verfassung vorgesehene Möglichkeit, die Entschädigung geringer zu bemessen. Aber sie verstößt nicht gegen die Junktimklausel: Art. 14 Abs. 3 *Satz 3* GG ergibt, daß die Verfassung den Gesetzgeber nicht auf die Zubilligung einer jeweils „vollen Entschädigung" hat festlegen wollen[92]. Was es damit im einzelnen auf sich hat — ob etwa die „volle Entschädigung" dennoch dergestalt als Regel gedacht ist, daß von ihr lediglich (rechtfertigungsbedürftige) Ausnahmen gemacht werden dürfen, oder ob es etwa gar verfassungswidrig sein kann, wenn sich der Gesetzgeber im Einzelfall zur Gewährung einer „vollen Entschädigung" entschließt —, tut hier nichts zur Sache. Denn die Bedeutung der Junktimklausel des Art. 14 Abs. 3 Satz 2 GG und ihrer Warnfunktion erschöpft sich in dieser Richtung darin, daß sie den Gesetzgeber zu überhaupt einer Entschädigungsregelung zwingen will und daß sie ihm damit offenhält, eine — wenn nicht anderweit gehindert — abwägend-reduzierende Regelung zu treffen. Irgendeine Sperrwirkung oder auch nur eine sich der vollen Entschädigung widersetzende Tendenz geht jedoch von der Junktimklausel und ihrer Warnfunktion nicht aus. Und dementsprechend können sie auch nicht durch eine „kurze" Entschädigungsrege-

---

[90] *Dürig* JZ 1954, 7 („Man beachte das Wort ‚regeln'.") und S. 8 („... sich eingehend ... befassen und nähere Bestimmung ... treffen"); BVerfGE 46, 268 [285] [Anm. 10]: „Dem Gesetzgeber ist ... aufgetragen, Art und Ausmaß der Entschädigung zu *regeln*".

[91] So der Sache nach etwa § 21 Abs. 4 Satz 1 des Gesetzes zum Schutze vor schädlichen Umwelteinwirkungen durch Luftverunreinigungen, Geräusche, Erschütterungen und ähnliche Vorgänge (Bundes-Immissionsschutzgesetz — BImSchG) vom 15. März 1974 (BGBl. I S. 721, 731).

[92] s. dazu BVerfGE 45, 63 [75 f.] und 46, 268 [296] [Anm. 23 und 10]; ferner *Breuer* [Anm. 1] S. 82 f., *Opfermann* [Anm. 86] S. 27 ff., 299 und 326 sowie *Verfasser* [Anm. 52] S. 62.

lung verletzt werden, (es sei denn, es handelte sich aus hinzutretenden Gründen zugleich um eine substanzlose Regelung).

### 4. Salvatorische Regelungen und Verknüpfungsfunktion

Im Unterschied zur Warnfunktion hat das, was hier als Verknüpfungsfunktion bezeichnet wird, eine betont „grundrechtssichernde Aufgabe"[93]. Mit ihr verstärkt und überhöht Art. 14 Abs. 3 Satz 2 GG, was bereits das allgemeine Erfordernis einer gesetzlichen Grundlage für (bürger-)belastende Eingriffe an Individualschutz erreicht[94]. Bezugspunkt sind dabei allein die Entschädigungs*tatbestände* und nicht die an sie geknüpften Rechtsfolgen. Ob auch „hohe" Entschädigungen als Ausdruck der Grundrechtssicherung verstanden werden können, mag auf sich beruhen. Jedenfalls hat das nichts mit der Junktimklausel und ihrer Verknüpfungsfunktion zu tun. Was diese Verknüpfungsfunktion an Anforderungen hervorbringt, geht die Entschädigungstatbestände an. Zu fragen ist, ob der Gesetzgeber die von der Verfassung verlangte Verbindung von Enteignungswirkung und Enteignungsentschädigung verfehlt, wenn er nur vorsorglich wiederholt, was schon die Verfassung anordnet. Zu fragen ist, ob eine verfassungsgemäße Verknüpfung nur erreicht wird, wenn sie eine für den Betroffenen angemessen berechenbare Rechtslage schafft. Zu fragen ist, ob die Verknüpfungsfunktion dem Gesetzgeber verwehrt, in einem (Enteignungs-)Gesetz die dem Eigentums- und dem Enteignungsbegriff innewohnenden Ungewißheiten ungeschmälert an die Betroffenen gleichsam weiterzugeben[95]. Zu fragen ist, ob der Gesetzgeber durch die Verknüpfungsfunktion derart unter „Bekenntniszwang"[96] gestellt wird, daß er profilierte Entschädi-

---

[93] BVerfGE 46, 268 [287] [Anm. 10].

[94] Vgl. zu dieser Individualschutzfunktion des allgemeinen Erfordernisses einer gesetzlichen Grundlage BVerfG, Beschluß vom 12. November 1974 — 1 BvR 32/68 — BVerfGE 38, 175 [184]. Der Beschluß wendet sich darin freilich zu Unrecht gegen BVerwG, Urteil vom 8. November 1967 — IV C 101.65 — BVerwGE 28, 184. In diesem Urteil wird nicht angenommen, daß das Erfordernis einer gesetzlichen Grundlage für (bürger-)belastende Eingriffe (auch) eine die öffentliche Hand schützende Aufgabe habe. Das Bundesverfassungsgericht scheint infolge der Konstellation gerade des gegebenen Falles dem Irrtum erlegen zu sein, daß der bei einer Rückenteignung zu Belastende, also der ursprünglich durch die Enteignung Begünstigte, stets eine Behörde sein müsse.

[95] „Der Gesetzgeber würde sich damit seiner verfassungsrechtlichen Verpflichtung entledigen, den Enteignungscharakter jeder seiner Regelungen und Ermächtigungen zu prüfen und bejahendenfalls zu bekennen, mithin dem Bürger insofern Klarheit zu verschaffen" (*Breuer* [Anm. 1] S. 69 f.; ähnlich auch *Rausch* DVBl. 1969, 168).

XI. Salvatorische Entschädigungsregelungen als „Entgiftung"   29

gungstatbestände zu schaffen hat und es nicht genügt, wenn er sich lediglich formal gegenüber etwaigen Enteignungswirkungen salviert.

### 5. Die Bedenklichkeit salvatorischer Regelungen

Alle diese Fragen müssen bejaht werden. Bestätigt wird das erstens durch die Beziehung, die von der Junktimklausel zum allgemeinen Erfordernis gesetzlicher Grundlage für (bürger-)belastende Eingriffe und von dort zum allgemeinen Bestimmtheitserfordernis führt[97]. Enteignende Eingriffe müssen nicht nur allgemein, sondern sie müssen gerade auch in ihrer Enteignungsqualität „meßbar und in gewissem Umfang für den Staatsbürger voraussehbar und berechenbar"[98], die „verfassungsrechtliche Duldungspflicht des Betroffenen" muß gerade auch in dieser Richtung „konkretisiert" sein[99]. Anderenfalls widerspricht die Entschädigungsregelung dem, was Art. 14 Abs. 3 Satz 2 GG an Gewaltenteilung erreichen will. Mit salvatorischen Entschädigungstatbeständen wird nämlich die Entschädigungspflicht nicht mehr (ge-)„regelt", vielmehr wird der Sache nach die Tatbestandsbildung auf den Richter „delegiert"[100]. Zweitens spricht gegen die Zulässigkeit salvatorischer Entschädigungstatbestände, daß sie in Wahrheit nichts Grundrechtssicherndes bewirken. Die Verfassung erlegt das „Risiko, ein Gesetz als Enteignungsgesetz zu erkennen", dem Gesetzgeber auf[101]. Wälzt er dieses Risiko mit Hilfe einer salvatorischen Entschädigungsregelung auf die Eingriffsbetroffenen ab, so hat das zur Folge, daß die ihm aufgegebene gesicherte Verknüpfung von enteignendem Eingriff und Entschädigungsgewährung nicht erreicht wird. Denn indem der Gesetzgeber vorgibt, die Junktimklausel zu befolgen, obgleich er doch nur wiederholt, was ohnehin der Verfassung zu entnehmen ist, enthält er sich eines eigenen Beitrages „zur Sache". Er trägt nichts zur Vermei-

---

[96] So *Breuer* [Anm. 1] S. 72; s. ferner *Gronefeld* [Anm. 12] S. 165 und *Rausch* DVBl. 1969, 168.
[97] s. S. 8.
[98] So BVerfG, Beschluß vom 12. November 1958 — 2 BvL 4/56 — BVerfGE 8, 274 [325] zum allgemeinen Bestimmtheitsgebot.
[99] BVerfGE 46, 268 [287] [Anm. 10].
[100] Ebenso *Breuer* [Anm. 1] S. 70. Das kommt deutlich auch zum Ausdruck, wenn *Kreft* [Anm. 16] S. 24 bemerkt, daß man wegen der gegebenen Schwierigkeiten „Verständnis dafür" werde „haben müssen, wenn der Gesetzgeber im ungewissen darüber, ob seine Grenzziehung vor den Augen der Verfassungsrichter Gnade findet, dies den Gerichten und den sonstigen Gesetzesanwendern überläßt".
[101] *Schick* DVBl. 1962, 775; ebenso *Breuer* [Anm. 1] S. 70, *Dürig* JZ 1954, 8, *Gronefeld* [Anm. 12] S. 65, *Huber* [Anm. 63] S. 56.

dung von Meinungsverschiedenheiten über den Eintritt der (Entschädigungs-)Rechtsfolge bei, ja, er fördert solche Meinungsverschiedenheiten geradezu. Und da diese Meinungsverschiedenheiten einzig den Eintritt der (Entschädigungs-)Rechtsfolge betreffen können — weil nämlich, wenn salvatorische Entschädigungsregelungen ausreichend wären, die Zulässigkeit des *Eingriffs* in den hier interessierenden Fällen stets „so oder so" außer Frage stünde —, wächst die Gefahr, daß sich der in seiner Zulässigkeit gesicherte Eingriff und die in ihrem Eintritt offene (Entschädigungs-)Rechtsfolge voneinander lösen, und das heißt: es wächst die Gefahr, daß der Betroffene den Eingriff endgültig hinnehmen muß, zu dieser Zeit aber ungewiß bleibt, ob er eine Entschädigung erhalten wird oder nicht. Eben das jedoch soll, wie bereits hervorgehoben[102], durch das Junktimgebot verhindert werden. Überdies kommt drittens noch hinzu, daß der Gesetzgeber, wenn er sich in der Enteignungsfrage auf eine formale Salvierung zurückzieht, auch der ihm aus Art. 14 Abs. 1 Satz 2 GG erwachsenden Aufgabe nicht gerecht wird, Inhalt und Schranken des Eigentums jeweils zu „bestimmen". Wo er sich mit der Beifügung einer salvatorischen Entschädigungsregelung behilft, tut er gewissermaßen nur den ersten Schritt, bleibt dann aber im zweiten Schritt unentschieden und sieht insoweit von „Bestimmung" wie „Regelung" ab.

### 6. Substantiierung der Entschädigungstatbestände

Diesen Erkenntnissen läßt sich nicht mit Erfolg entgegenhalten, daß der Gesetzgeber mit seinem Bemühen um Ausformung und Substantiierung der Entschädigungstatbestände die Berechenbarkeit der Rechtslage stets nur relativ steigern könne und daß im Felde der Enteignungswirkung mehr noch als anderswo selten das zu erreichen sei, was in einem engeren Sinne „präzis" genannt zu werden verdient. Das mag richtig sein. Aber daraus folgt kein Gegenargument. Denn es käme augenscheinlich auf einen unerlaubten Grenzenlosigkeitsschluß hinaus, wollte man aus der Tatsache, daß der Gesetzgeber häufig nicht alle Ungewißheiten auszuräumen vermag, zu entnehmen versuchen, daß er es dann auch gleich bei substanzlos-salvierenden Regelungen bewenden lassen könne. Ebensowenig schlägt als Gegenargument durch, daß, wenn die Verknüpfungsfunktion der Junktimklausel die dargelegte Bedeutung hat, der Gesetzgeber durch sie vollauf in das oben geschil-

---

[102] s. S. 11.

XI. Salvatorische Entschädigungsregelungen als „Entgiftung"   31

derte Dilemma zurückgeworfen wird. Darauf könnte man vielleicht antworten, daß ein Dilemma des Gesetzgebers noch kein Rechtfertigungsgrund ist, die damit zusammenhängenden Schwierigkeiten kurzerhand einzelnen eingriffsbetroffenen Staatsbürgern zuzuschieben. Selbst wenn man aber daran keinen Anstoß nehmen wollte, wäre sicherlich vorauszusetzen, daß es sich um ein in der Tat auf andere Weise zumutbar nicht zu bewältigendes Dilemma handelt. Und eben das trifft ersichtlich nicht zu. Es gibt dafür einen sehr einfachen Beweis: In der Fülle der Entschädigungsregelungen des geltenden Rechts gibt es *auch* salvatorische Regelungen. Aber sie herrschen bei weitem nicht vor. Die Mehrzahl der Entschädigungsregelungen ist vielmehr tatbestandlich spürbar gehaltvoller. Allen voran gilt das für die mindestens in bezug auf die Junktimklausel vorbildliche Regelung in den §§ 40 ff. des Bundesbaugesetzes[103]. Nicht minder eindrucksvoll ist aber häufig, sachthematisch gleichartige Regelungen etwa verschiedener Bundesländer oder Regelungen einerseits des Bundes und andererseits eines Landes miteinander zu vergleichen. Was dabei an Spannweite möglicher Substantiierung zum Vorschein kommen kann, wird bemerkenswert deutlich, wenn man beispielsweise der eingangs erwähnten salvatorischen Regelung in § 23 Abs. 1 Satz 1 des Saarländischen Landeswaldgesetzes[104] den § 45 Abs. 1 des Bundeswaldgesetzes in seiner am 14. November 1974 vom Bundestag beschlossenen — im wesentlichen mit dem Regierungsentwurf übereinstimmenden[105], später jedoch nicht Gesetz gewordenen — Fassung gegenübergestellt[106].

---

[103] Jetzt geltend in der Fassung des Beschleunigungsgesetzes vom 6. Juli 1979 (BGBl. I S. 949), die allerdings insoweit an der vorangegangenen Fassung der Bekanntmachung vom 18. August 1976 (BGBl. I S. 2256, 3617) nichts geändert hat.

[104] Diese bereits in Anm. 6 angeführte Vorschrift lautet: „Soweit Maßnahmen auf Grund dieses Gesetzes enteignende Wirkung haben, ist dem Eigentümer oder sonstigen Nutzungsberechtigten vom Land Entschädigung in Geld zu leisten". Im übrigen fährt der zweite Satz dieses Absatzes für *eine* Fallgruppe selbst mit einer stärker substantiierten Regelung fort: „Entschädigung ist auch zu leisten für Schäden und Beeinträchtigungen im Erholungswald, sofern besondere Maßnahmen zu ihrer Beseitigung erforderlich sind und ohne die Beseitigung ein erheblicher Vermögensnachteil entstehen würde".

[105] Vgl. § 41 des Regierungsentwurfs eines Gesetzes zur Erhaltung des Waldes und zur Förderung der Forstwirtschaft (Bundeswaldgesetz), Deutscher Bundestag, Drucksache 7/889 vom 9. Juli 1973; dort war die vorgesehene substantiierte Entschädigungsregelung mit einem Hinweis auf die höchstrichterliche Rechtsprechung begründet worden (S. 32).

[106] § 45 Abs. 1 des Bundeswaldgesetzes lautet in seiner in der 131. Sitzung des Deutschen Bundestages am 14. November 1974 beschlossenen Fassung: „Soweit durch Versagung einer Umwandlungsgenehmigung ... oder einer Genehmigung zur Erstaufforstung ... oder durch Erklärung von Wald zu

### 7. Die bisherige Abschirmung salvatorischer Regelungen

Es gibt aber vielleicht dennoch einen gewichtigen Einwand. Die vorstehend entwickelten Gedanken zur Verfassungswidrigkeit salvatorischer Entschädigungsregelungen scheinen nämlich gegen sich zu haben, daß, wenn sie zutreffen sollten, Theorie und Praxis in erstaunlicher Weise auseinanderklafften: Spricht nicht nachdrücklich *für* die Verfassungsmäßigkeit salvatorischer Regelungen, daß sie zum Teil vor mehr als einem Jahrzehnt erlassen und seither ungeachtet ihrer überwiegend zurückhaltenden Aufnahme im Schrifttum doch wohl auch „praktiziert" worden sind? Wird nicht, wenn man so sagen darf, durch diese Fakten die Verfassungsmäßigkeit auch salvatorischer Entschädigungsregelungen dargetan? Auf diese Fragen zu antworten, macht erforderlich, einige nähere Feststellungen zur Rechtsprechung zum sogenannten enteignungsgleichen Eingriff[107] zu treffen. Denn diese Rechtsprechung hat in der Vergangenheit — und dies angesichts ihrer Ständigkeit und ihrer Absicherung durch den Bundesgerichtshof mit großer Tragweite — die Junktimklausel nicht nur überhaupt „entgiftet"[108], sondern sie hat das in einer Weise getan, die geeignet war, zugleich die salvatorischen Entschädigungsregelungen abzuschirmen.

#### a) Enteignungsgleiche Eingriffe

Die Rechtsfigur des enteignungsgleichen Eingriffs ist in der Rechtsprechung des Bundesgerichtshofs bekanntlich mit einem „Erst-recht-Schluß" angetreten[109], den vorher schon — zur Aufopferung — das Reichsgericht[110] mit den Worten gezogen hatte, „es würde zu einem widersinnigen Ergebnis führen, dem Geschädigten, der von der Obrigkeit ... zur Aufopferung von Rechten zum Wohle der Allgemeinheit gezwungen worden ist, die ... Entschädigung dann zu versagen, wenn sich die Obrigkeit über ihre gesetzlichen Befugnisse geirrt hat, die

---

Schutzwald ... oder zu Erholungswald ... eine bisher zulässige Nutzung aufgehoben oder eingeschränkt wird, eine wesentliche Wertminderung eines Grundstückes eintritt, besondere Aufwendungen notwendig sind, die über das bei ordnungsgemäßer Nutzung eines Grundstücks erforderliche Maß hinausgehen, oder ein anderer nicht nur unwesentlicher Vermögensnachteil verursacht wird, ist vom Land oder der nach Landesrecht zuständigen Stelle eine Entschädigung in Geld zu leisten".

[107] s. zum Begriff Anm. 68.
[108] Nachweise zu dieser „entgiftenden" Wirkung in Anm. 69.
[109] BGH, Beschluß vom 10. Juni 1952 — GSZ 2/52 — BGHZ 6, 270 [290]: „... mindestens in dem gleichen Maße gegeben ..."; vgl. dazu näher *Breuer* [Anm. 1] S. 85 f. sowie *Verfasser* [Anm. 52] S. 156 f.
[110] Urteil vom 11. April 1933 — RGZ 140, 276 [283].

XI. Salvatorische Entschädigungsregelungen als „Entgiftung"

von ihr vorgenommene Handlung aber dem Staat ... den erstrebten Vorteil gebracht hat". Das überzeugt[111]. Denn es wäre in der Tat schwer zu begreifen, daß sich eine auf Entschädigung in Anspruch genommene Behörde in einer Situation, in der alle Voraussetzungen für eine Entschädigungspflicht erfüllt sind, erfolgreich damit sollte verteidigen können, sie habe rechtswidrig gehandelt und *das* lasse ihre Entschädigungspflicht entfallen[112]. Und *dieser* Erst-recht-Schluß verträgt sich auch mit der Junktimklausel. Der Entschädigungsanspruch könnte nämlich — wird die Rechtswidrigkeit des Eingriffs hinweggedacht — nur begründet sein, wenn er durch eine gesetzliche Entschädigungsregelung gedeckt wird. Dann aber spricht alles dafür, daß diese Entschädigungsregelung entsprechend anzuwenden ist, wenn bei sonst völlig unveränderter Sachlage eine Rechtswidrigkeit lediglich noch hinzutritt[113].

b) *Entschädigung wegen rechtswidrigen Eingriffs*

Die Rechtsprechung zum enteignungsgleichen Eingriff hat später[114] — in einer gleichsam zweiten Phase — die auf den erwähnten Erst-recht-Schluß gegründete Entschädigungspflicht *trotz* Rechtswidrigkeit des Eingriffs hinter sich gelassen und eine Entschädigungspflicht *wegen* Rechtswidrigkeit des Eingriffs bejaht. Dieser zweite Schritt[115] bezog seine Rechtfertigung — vermittelt durch die vom Bundesgerichtshof jedenfalls verbal praktizierte sogen. Sonderopfertheorie — vom Gleichheitssatz, und auch das hätte sich durch einen Erst-recht-Schluß ausdrücken lassen. Er könnte lauten: Wenn schon solche Ungleichbehandlungen durch die Gewährung einer Entschädigung ausgeglichen werden, bei denen dem Betroffenen rechtmäßig ein Opfer auferlegt wird, das andere nicht zu erbringen brauchen, dann muß eine Entschädigung erst recht gewährt werden, wenn die Ungleichbehandlung darin besteht, daß dem Betroffenen rechtswidrig ein Opfer abverlangt wird.

---
[111] Ebenso *Karl August Bettermann*, Der Schutz der Grundrechte in der ordentlichen Gerichtsbarkeit, in Bettermann / Nipperdey / Scheuner, Die Grundrechte, Band 3, 2. Halbband, 1959, S. 855; s. ferner *Verfasser* [Anm. 52] S. 156 f.
[112] Ebenso das Reichsgericht [Anm. 110]: „Der Staat oder die Gemeinde ... können ... den Aufopferungsanspruch nicht durch nachträgliche Berufung auf einen ... rechtlichen Irrtum zu Fall bringen".
[113] Vgl. *Verfasser* [Anm. 52] S. 166.
[114] Seit dem Urteil vom 25. April 1960 — III ZR 55/59 — BGHZ 32, 208 [210 f.].
[115] s. dazu allgemein *Aicher* [Anm. 37] S. 165, Anm. 125, *Breuer* [Anm. 1] S. 86, *Gronefeld* [Anm. 12] S. 56 f. sowie *Verfasser* [Anm. 52] S. 159 ff. mit weiteren Nachweisen.

### c) Sanktionslosigkeit der Junktimklausel

Dieser zweite Schritt begegnet aus mehreren Gründen durchgreifenden Bedenken[116]. Dem soll hier nicht weiter nachgegangen werden. Klar ist jedenfalls: Wenn und soweit die dargelegten Schlüsse tragfähig sind, kommt es im Entschädigungsprozeß nicht darauf an, ob rechtmäßig oder rechtswidrig eingegriffen wurde[117]. Der Entschädigungsanspruch ist in dem einen wie dem anderen Falle begründet. Diese Konsequenz entschärft die Junktimklausel. Auch das wiederum läßt sich als Erst-recht-Schluß darstellen: Ist eine Entschädigung (nicht trotz, sondern) wegen der Rechtswidrigkeit des Eingriffs zu gewähren, so muß zugleich mit dieser Rechtswidrigkeit ein Verstoß gegen die Junktimklausel vorliegen. Denn es kann „begrifflich oder so gut wie begrifflich keinen Eingriff geben, der erst kraft seiner Rechtswidrigkeit entschädigungsbedürftig ist, für den aber dennoch der Gesetzgeber eine dem Art. 14 Abs. 3 Satz 3 GG entsprechende Entschädigungsregelung getroffen hat"[118]. Besteht die Entschädigungspflicht demnach aber, wenn sowohl eine „allgemeine" Rechtsverletzung als auch ein Verstoß gegen die Junktimklausel gegeben ist, dann muß sie erst recht bestehen, wenn der Mangel einzig darin liegt, daß es an einer dem Art. 14 Abs. 3 Satz 2 GG genügenden Regelung fehlt. Folglich kann im Ergebnis auch die Junktimklausel und ihre etwaige Verletzung für das Bestehen einer Entschädigungspflicht keine Rolle spielen.

### d) Unvereinbarkeit mit der Junktimklausel

Die Rechtsprechung zum enteignungsgleichen Eingriff „entgiftet" die Junktimklausel, indem sie sich ihr entzieht. Das wird besonders in einer Lehrmeinung deutlich, deren Ziel es ist, der Entschädigungspflicht wegen enteignungsgleichen Eingriffs eine von der Junktimklausel unabhängige Verfassungsgrundlage zu verschaffen[119]: Die Entschädigungs-

---

[116] Dazu näher *Verfasser* [Anm. 52] S. 161 ff. sowie *Breuer* [Anm. 1] S. 89, *Gronefeld* [Anm. 12] S. 56 f., *Haas* [Anm. 31] S. 55, *Sendler* DÖV 1978, 589 und ZfW 1979, 70 f. sowie *Vogel* [Anm. 52] S. 36 f.

[117] Vorausgesetzt — eine hier nicht aufzuwerfende Frage —, daß auch in den Einzelheiten der Rechtsfolge, insbesondere in der Höhe der zu entrichtenden Entschädigung, keine Unterschiede bestehen.

[118] *Verfasser* [Anm. 81] S. 20; ebenso *Schulte* [Anm. 37] S. 31 („völlig absurd"), *Vogel* [Anm. 52] S. 37 („schlechthin undenkbar") und *Verfasser* [Anm. 52] S. 166 („Widerspruch in sich").

[119] Ein Beleg dafür, daß die mit dieser Lehrmeinung verbundenen Vorstellungen auch hinter der (jüngeren) Rechtsprechung des Bundesgerichtshofs stehen, deutet sich in den Ausführungen von *Kreft* [Anm. 16] S. 15, 30 und 33 an (insbesondere S. 30: „Den Entschädigungsanspruch entnehmen wir

## XI. Salvatorische Entschädigungsregelungen als „Entgiftung"

gewährung bei enteignungsgleichen Eingriffen soll sich, so behauptet es beispielsweise Hans Schulte[120], verfassungsrechtlich nicht auf den (entsprechend anzuwendenden) dritten Absatz des Art. 14 GG, sondern auf dessen ersten Absatz gründen. Es mag an dieser Stelle auf sich beruhen, daß diese Ableitung oder, wenn man lieber will, „Konstruktion" in Wahrheit nur die Unhaltbarkeit jenes „zweiten Schrittes" der Rechtsprechung zum enteignungsgleichen Eingriff überzeugend offenlegt[121]. Jedenfalls zeigt sie — nur das ist hier von Interesse — unmißverständlich, auf welche Weise die Rechtsprechung zum enteignungsgleichen Eingriff ihre die Junktimklausel „entgiftende" Wirkung erreicht: Im Ergebnis stellt sie alle Eingriffe, die der Junktimklausel nicht gerecht werden, entschädigungsrechtlich von den Anforderungen dieser Klausel frei. Sie nimmt sie von Art. 14 Abs. 3 GG aus und fängt sie mit Hilfe des Art. 14 Abs. 1 GG wieder ein, und das ist im Prinzip keine andere Handhabung, als sie seinerzeit von denen vorgeschlagen wurde, die Art. 14 Abs. 3 GG auf einen engen (und junktim-unproblematischen) Enteignungsbegriff zurückführen und die übrigen Eingriffe dem Aufopferungstatbestand zuweisen wollten[122]. Aus der mit der

---

[sc. nicht aus Art. 14 Abs. 3 GG, sondern] aus Art. 14 GG in seiner Gesamtheit").

[120] [Anm. 37] S. 30 f. und 33; s. ferner *Gallwas* [Anm. 31] S. 123 f.

[121] Art. 14 Abs. 1 Satz 1 GG verbindet mit der Eigentumsgewährleistung keine andere Rechtsfolge als die, daß Verstöße gegen ihn zur objektiven Rechtswidrigkeit führen und zugleich ein subjektives Recht verletzen. Erst beispielsweise § 113 Abs. 1 Satz 1 VwGO zieht daraus eine weitergehende Konsequenz, indem er unter anderem die gegen Art. 14 Abs. 1 Satz 1 GG verstoßenden Verwaltungsakte für auf Anfechtungsklage aufhebbar erklärt. Wer in den Art. 14 Abs. 1 GG eine bestimmte (zudem dann verfassungsrechtlich, also rangübergeordnet gegebene) Rechtsfolge hineininterpretiert, verwirrt die Ordnung der Rechtsfolgen (vgl. Kritik *Heck* [Anm. 52] S. 36, *H. Schneider* [Anm. 16] S. 30 und *Vogel* [Anm. 52] S. 36 f., ferner *Verfasser* [Anm. 52] S. 165 f.). Und wenn dies zugunsten der Entschädigungsfolge geschieht, verwirrt er die Rechtsfolgen in besonders bedenklicher Weise. Denn er stuft die naturale Abwehr zugunsten eines Grundsatzes namens „Dulde und liquidiere" zurück, und zwar eines „Dulde und liquidiere" mit gewandelten Vorzeichen. Ermöglicht wird nämlich auf diese Weise, daß der Betroffene unbeschadet seines öffentlich-rechtlichen, verwaltungsgerichtlich verfolgbaren (und ja keineswegs nur gegen Verwaltungsakte gegebenen) Abwehranspruchs „nach freier Wahl liquidieren kann, wenn er zu dulden bereit ist" (*Verfasser* [Anm. 52] S. 174; s. dazu ferner *Breuer* [Anm. 1] S. 91 ff., *Gallwas* [Anm. 31] S. 121, Anm. 247, *Schmidt-Aßmann* DVBl. 1976, 171, *Sendler* ZfW 1979, 70 f., *Verfasser* DVBl. 1972, 94 und vor allem BVerfGE 24, 367 [401] [Anm. 38]: „Unter diesem Gesichtspunkt kommt den verfassungsrechtlichen Zulässigkeitsnormen für die Enteignung im Gesamtgefüge der Eigentumsgarantie eine wesentlich größere Bedeutung als der Entschädigungsregelung zu. Die erste Frage ist immer, ob der Eingriff auf das Eigentum zulässig ist ... Nach der grundgesetzlichen Konzeption ist ... ein effektiver — den Bestand des Eigentums sichernder — Rechtsschutz ein wesentliches Element des Grundrechts selbst".

[122] s. S. 18 mit den Nachweisen in den Anm. 49—55.

Rechtsprechung zum enteignungsgleichen Eingriff erreichten (weitgehenden) Sanktionslosigkeit der Junktimklausel erklärt sich darüber hinaus, daß sich der Bundesgerichtshof mit dieser Klausel und ihren Anforderungen niemals näher auseinandergesetzt hat[123], ebenso wie sich von dort her erklärt, daß die Gegner (insbesondere jenes zweiten Schrittes) der Rechtsprechung zum enteignungsgleichen Eingriff einen ihrer schlagkräftigsten Einwände stets darin gefunden haben, daß diese Rechtsprechung mit der Junktimklausel des Art. 14 Abs. 3 Satz 2 GG unvereinbar sei[124].

*e) Bundesverfassungsgericht und enteignungsgleicher Eingriff*

Die Rechtsprechung zum enteignungsgleichen Eingriff läßt in dem Umfang, in dem sie Verstöße gegen die Junktimklausel als unerheblich übergeht, nicht die Frage aufkommen, ob salvatorische Entschädigungsregelungen zur Wahrung des Junktimgebotes ausreichen. Auch das ist für diese Rechtsprechung — wie die Rechtswidrigkeit allgemein — un-

---

[123] Dem Bundesgerichtshof wird manchmal unterstellt — so etwa von *Werner Hoppe,* Eingriffe in Leitungsrechte durch Straßenbaumaßnahmen, 1979, S. 43 f. —, er gehe nicht (mehr) von einer Zweiteilung in Enteignung und enteignungsgleichen Eingriff, sondern von einer Dreiteilung aus, bei der mittlerweile als drittes noch der sogen. enteignende Eingriff hinzutrete. Das halte ich für zutreffend. Die Zweiteilung in Enteignung und enteignungsgleichen Eingriff ist in der Form, in der sie der Bundesgerichtshof vornimmt, erschöpfend; sie läßt begrifflich keinen Raum für eine dritte Kategorie. Richtig ist allerdings, daß der Bundesgerichtshof, der in diesem Zusammenhang ohnehin zu stark wechselnden Formulierungen neigt (Hinweise darauf bei *Breuer* [Anm. 1] S. 95 f., *Walther W. Schmidt* in der Aussprache [Anm. 16] S. 38 f. sowie *Verfasser* [Anm. 52] S. 165), mehrfach trotz des jeweils gegebenen Verstoßes gegen die Junktimklausel die Möglichkeit, daß ein (rechtswidriger) enteignungsgleicher Eingriff vorliege, abgetan und das Vorliegen eines „enteignenden Eingriffs" geprüft hat (vgl. Urteile vom 31. Januar 1966 — III ZR 110/64 — BGHZ 45, 150 [153], vom 29. Mai 1967 — III ZR 126/66 — BGHZ 48, 65 [67] und vom 30. Oktober 1970 — V ZR 150/67 — BGHZ 54, 384 [387 ff.] und dazu *Bender* [Anm. 1] Rdnr. 78 sowie *Verfasser* [Anm. 52] S. 155). Das darf man indessen m. E. so nicht beim Wort nehmen. Der „enteignende Eingriff" ist in Wahrheit keine dritte Eingriffskategorie, sondern ein (in seiner Verwendung nicht immer geglückter) Ausdruck dafür, daß die Entschädigungsfolge von der Beantwortung der Frage nach der Rechtswidrigkeit — und gleichsam erst recht von der Beantwortung der Frage nach der Rechtsfolge eines etwaigen Verstoßes gegen die Junktimklausel — nicht abhängt und daß folglich diesen Fragen eine besondere Aufmerksamkeit nicht gewidmet zu werden braucht (ähnlich *Breuer* [Anm. 1] S. 95 f.). Im übrigen treten zusätzlich noch gewisse Unsicherheiten in der genauen Zuordnung der Rechtswidrigkeitsfrage (Rechtswidrigkeit des Handelns oder Rechtswidrigkeit des Erfolges?) hinzu (vgl. auch dazu *Breuer* [Anm. 1] S. 74 f. mit S. 75, Anm. 274 sowie den Referentenentwurf zur Reform des Staatshaftungsrechts, 1976, S. 116 und *Verfasser* [Anm. 52] S. 67 ff. und 155 ff.).

[124] Vgl. *Gallwas* [Anm. 31] S. 121 mit Anm. 247, *Gronefeld* [Anm. 12] S. 51 ff., *Haas* [Anm. 31] S. 12, *Rittstieg* [Anm. 69] S. 300, ferner auch *Schmidt-Aßmann* DVBl. 1976, 171, *W. Weber* [Anm. 14] S. 385 und *Verfasser* [Anm. 52] S. 158.

## XI. Salvatorische Entschädigungsregelungen als „Entgiftung"

erheblich, und man darf deshalb die Diagnose wagen, daß es in den vergangenen Jahren nicht zuletzt der gewissermaßen im Windschatten der Rechtsprechung zum enteignungsgleichen Eingriff eingetretene Zustand vermeintlicher Ruhe gewesen ist, der den Gesetzgeber auf die Tragfähigkeit salvatorischer Entschädigungsregelungen hat vertrauen lassen. Dieses Vertrauen hat indes spätestens mit dem Beschluß des Bundesverfassungsgerichtes vom 26. Oktober 1977[125] seine Grundlage verloren[126]: Kennzeichnend für die Entschädigungspflicht aus enteignungsgleichem Eingriff ist vor allem, daß es zur Entschädigung (weitgehend) sozusagen „am Gesetzgeber vorbei" kommt. Damit wird der in Art. 14 Abs. 3 Satz 3 GG niedergelegte Abwägungsgrundsatz „souverän überspielt"[127] und entgegen diesem Grundsatz[128] die „volle (Verkehrswert-) Entschädigung" (zusätzlich) festgeschrieben[129]. Das widerspricht dem Standpunkt des Bundesverfassungsgerichts in evidenter Weise. Die Folge ist, daß das Problem der Verfassungsmäßigkeit salvatorischer Entschädigungsregelungen seine Abschirmung eingebüßt hat und damit gleichsam wieder aufgedeckt auf der Tagesordnung steht.

---

[125] BVerfGE 46, 268 [Anm. 10].

[126] s. zu der unter anderem in dieser Beziehung weichenstellenden Bedeutung des Beschlusses *Sendler* ZfW 1979, 65 f. und *Verfasser* [Anm. 81] S. 19 f. sowie zu dem sich wohl bereits andeutenden Wandel BGH, Beschluß vom 13. Juni 1978 — III ZR 28/76 — DVBl. 1979, 58.

[127] So die Formulierung von *Sendler* DÖV 1978, 589.

[128] „Die Systematik des Art. 14 Abs. 3 Satz 2 und 3 GG verbietet daher die Auffassung, nur eine Entschädigung nach dem Verkehrswert entspreche der Verfassung" (BVerfGE 46, 268 [285] [Anm. 10]).

[129] Das verdient unabhängig davon Kritik, wie — eine bereits oben (S. 27 f.) gestreifte Frage — das Verhältnis zwischen Art. 14 Abs. 3 Satz 3 GG und der „vollen (Verkehrswert-)Entschädigung" zu sehen ist. Denn auch wenn man der Verkehrswertentschädigung eine kräftige Fundierung im Gleichheitssatz zugesteht — und zwar dies nicht wegen der Überzeugungskraft des „Grundsatzes", daß sich der Betroffene ein gleichwertiges Objekt soll wiederbeschaffen können, sondern deshalb, weil es bei einem verkehrsfähigen Rechtsgut vom Grundsatz her wie Willkür wirkt, wenn bei der denkbaren Kette von Rechtsinhabern einer von ihnen enteignend herausgegriffen und in einer Weise entschädigt wird, die spürbar unter dem Verkehrswert liegt —, und wenn man meint, daß deshalb auch der Gesetzgeber nicht völlig frei sei, abweichend von der Verkehrswertentschädigung abzuweichen, so bleibt doch festzuhalten, daß eine Entschädigungspraxis, die „am Gesetzgeber vorbei"-läuft, der in Art. 14 Abs. 3 Satz 3 GG vorgesehene Abwägung nicht einmal eine Chance läßt. Denn die Gerichte vermögen insoweit im Sinne des Art. 14 Abs. 3 Satz 3 GG sachgerecht jedenfalls dann nicht abzuwägen, wenn die Abwägung verallgemeinerungsfähigen Regeln folgen soll (s. dazu BVerfGE 46, 268 [296] [Anm. 10]). Angesichts dessen muß sich bei einer vom Gesetz gelösten Entschädigungsrechtsprechung fast notwendig eine Festlegung auf die „volle Entschädigung" deswegen einstellen, weil es so gut wie jedem anderen Entschädigungsumfang an der notwendigen Greifbarkeit fehlt.

## XII. Grenzen der Entschärfung der Junktimklausel

Es hat keine Aussichten, nach einer „Patentlösung" zu suchen, die geeignet wäre, alle Schärfen der Junktimklausel zu glätten. Eine solche Lösung kann es nicht geben. Sie zu „finden", bedeutete, der Junktimklausel den ihr von der Verfassung beigelegten — und in gewisser Weise eben spröden — Anforderungscharakter zu nehmen. Aber damit ist nicht gesagt, daß es nicht doch die eine und andere Einsicht gibt, von der man einen Beitrag erwarten darf, die Schärfen der Junktimklausel gewissermaßen einzukreisen und auf diese Weise erträglicher werden zu lassen.

### 1. Die Nichtigkeitsfolge

Zunächst mag dazu eine gegen die herrschende Meinung gerichtete Anmerkung gestattet sein: Das Bundesverfassungsgericht hat in seinem Beschluß vom 21. Juli 1955 entschieden, daß eine nicht mit der notwendigen Entschädigungsregelung versehene Enteignungsvorschrift nichtig sei[130]. Diese Ansicht war im Schrifttum schon vorher vertreten worden[131], und sie hat auch in der Folgezeit kaum Widerspruch gefunden[132]. Das ist in gewisser Weise erstaunlich. Es ist erstaunlich wohl bereits deshalb, weil man stets diese Nichtigkeitsfolge für den eigentlichen Stachel der Junktimklausel gehalten hat[133], und weil ja doch auch nahezu alle Versuche zur „Entgiftung" der Junktimklausel eines ihrer Anliegen darin gesehen haben, etwas von dieser Nichtigkeitsfolge abzuwenden. Noch erstaunlicher scheint mir das Ausbleiben eines Widerspruchs aber deshalb zu sein, weil der Schluß auf die Nichtigkeitsfolge keineswegs zwingend ist. Unabweisbar ist er einzig für die Fälle der Legalenteignung, dort also, wo im Sinne des Art. 14 Abs. 3 Satz 2 GG „durch Gesetz" enteignet wird. In den praktisch weit wichtigeren Fällen der Enteignung „auf Grund eines Gesetzes" hat er dagegen mindestens so viel gegen wie für sich: Gesetzliche Grundlagen sind nach ihrer Struktur Erlaubnisse; sie geben der Exekutive etwas frei, was diese ohne eine solche Grundlage nicht tun dürfte[134]. Folglich handelt

---
[130] BVerfGE 4, 219 [230] [Anm. 31].
[131] Vgl. insbesondere — darin übereinstimmend — einerseits *Dürig* JZ 1954, 8 und andererseits *Scheuner* DÖV 1954, 590.
[132] s. die Nachweise in Anm. 63.
[133] s. die Nachweise in Anm. 64.
[134] Vgl. zu dieser erlaubenden Funktion gesetzlicher Grundlagen BVerfG, Urteil vom 29. Juli 1959 — 1 BvR 394/58 — BVerfGE 10, 89 [101] (in der dortigen Gleichsetzung von „Freigabe" und „Ermächtigung"), BVerwG, Ur-

es sich bei einer Vorschrift, die der Exekutive einen enteignenden Eingriff gestattet, ohne mit der dafür erforderlichen Entschädigungsregelung ausgestattet zu sein, um eine unzureichende, d. h. eine ihr Ziel nicht erreichende und deshalb von der Exekutive nicht verwertbare „Erlaubnis"[135]. Diese Unverwertbarkeit ist jedoch die einzige Konsequenz, die aus dem Wesen der Dinge folgt, und man kann durchaus der Meinung sein, daß es auch im Zusammenhang mit Art. 14 Abs. 3 Satz 2 GG bei ihr bewendet: Die „Nichtigkeit" korrespondiert dem „Verbotensein". Die Erteilung unzureichender Erlaubnisse ist jedoch üblicherweise nicht in diesem Sinne „verboten", und auch „Art. 14 Abs. 3 Satz 2 GG verbietet nicht unzureichende Entschädigungsregelungen, sondern — für den Fall einer unzureichenden Entschädigungsregelung — das Stattfinden einer Enteignung"[136]. Zugeben muß man freilich, daß sich von dieser Erkenntnis her die Rechtsfolge der Nichtigkeit nicht ausschließen läßt. Der (Verfassungs-)Gesetzgeber war selbstverständlich nicht gehindert, Art. 14 Abs. 3 Satz 2 GG in Richtung auf alle ihm nicht genügenden Gesetzesgrundlagen mit einer Nichtigkeitssanktion auszustatten. Aber eine solche Sanktion liegt eben bei Entscheidungen mit erlaubender Funktion nicht in der Natur der Sache, und sie bedürfte daher, wenn sie als von Art. 14 Abs. 3 Satz 2 GG gewollt dargetan werden soll, gesonderter Ableitung[137].

## 2. „Entgiftung" durch Auslegung?

Das bisher Ausgeführte hat einen Fragenkreis vernachlässigt, der nunmehr mit einigen Feststellungen ins Auge gefaßt werden muß, weil zwischen ihm und der Schärfe der Junktimklausel, d. h. der Schärfe ihres Zugriffs auf enteignende Gesetze und auf die sie vollziehenden

---

teil vom 6. Juli 1973 — IV C 22.72 — BVerwGE 42, 331 [335] (Erfordernisse gesetzlicher Grundlage „gleichen in ihrer Struktur dem Verbot mit Erlaubnisvorbehalt"), ferner *Dietrich Jesch*, Gesetz und Verwaltung, 1961, S. 33, *Christian Friedrich Menger*, VVDStRL 15, S. 13 und *Wolff / Bachof* [Anm. 31] S. 183.

[135] Mit der Folge, „daß die derart unvollständige" Regelung „keine hinreichende Rechtsgrundlage für den Erlaß rechtmäßiger ... Bescheide abgibt" (BVerwG, Urteil vom 28. November 1975 — IV C 45.74 — BVerwGE 50, 2 [5] zu einem vergleichbaren Zusammenhang).

[136] BVerwG, Urteil vom 14. Juli 1972 — IV C 8.70 — BVerwGE 40, 258 [267].

[137] Bedenkenswert dürfte sein, ob sich (so allgemein?) Gesichtspunkte der Rechtssicherheit durchgreifend dafür anführen lassen, daß „unbrauchbare" gesetzliche Erlaubnisse möglichst (nicht ergänzbar, sondern) nichtig sein sollten. Dem würde man zumindest zugeben müssen, daß von unzureichend erlaubenden Gesetzen wegen des Scheines, den sie zugunsten des Vorliegens einer Erlaubnis begründen, eine Gefährdung der Rechtssicherheit ausgeht.

Verwaltungsakte, ein bedeutsamer Zusammenhang besteht. Gemeint ist die (Gesetzes-)Auslegung: Gesetze mit enteignender Wirkung und die in solche Gesetze aufgenommenen Entschädigungsregelungen bedürfen — wie alle Gesetze — der Auslegung. Je nach gegebenen Umständen kann eine engere oder weitere Auslegung angebracht sein. Daß dies eine Handhabe bietet, auf die Schärfe der Junktimklausel Einfluß zu nehmen, liegt — wobei zunächst dahinstehen mag, bis zu welchem Grade diese Handhabe legitim genutzt werden kann — auf der Hand. Wenn das überhaupt eines Beleges bedarf, so ist er unschwer in der Tatsache gefunden, daß es „Entgiftungs-"vorschläge gibt, die im Schrifttum einerseits — im oben dargestellten Sinne — als Lehren zur Entschärfung unmittelbar der Junktimklausel, also etwa zu ihrer begrenzten Anwendbarkeit, andererseits aber auch als Auslegungsregel zu den von der Junktimklausel betroffenen Gesetzen angeboten werden. Ein Beispiel[138] dafür ist vor allem das Bemühen, ein Gesetz möglichst nicht an für den Gesetzgeber unvorhersehbaren Enteignungswirkungen scheitern zu lassen. Dieses Bemühen schlägt sich im Schrifttum nicht nur in der Ansicht nieder, daß der Geltungsbereich des Art. 14 Abs. 3 Satz 2 GG entsprechend eingeschränkt sei[139], sondern er tritt auch im Gewand der Ansicht auf, daß unter diesen Voraussetzungen das einzelne Gesetz irgendwie großzügiger — einschränkend — ausgelegt werden dürfe[140].

*a) Die Gesetzesauslegung im allgemeinen*

Für die Auslegung von Gesetzen, die eine Enteignung zu gestatten scheinen, und ebenso für die Auslegung von Entschädigungsregelungen gelten — von den Besonderheiten einer sogen. verfassungskonformen Auslegung vorerst noch abgesehen — keine anderen Auslegungsregeln, als anderweit maßgebend sind. Ihre Anwendung muß jedoch auf die Aufgabe der Junktimklausel Rücksicht nehmen. Das führt zu Unterschieden je nachdem, ob das Ziel, im Wege der Auslegung einen drohenden Konflikt mit der Junktimklausel zu vermeiden, durch — verengende — Auslegung einer Eingriffsermächtigung oder durch

---

[138] Ein weiteres Beispiel ist die von *Schick* DVBl. 1962, 776 f. vertretene Ansicht, nach der ein Gesetz bei fehlender Entschädigungsregelung generell „verfassungskonform" dahin auszulegen sein soll, daß es dann einen sich als enteignend erweisenden Eingriff gar nicht erlauben wolle; s. dazu Anm. 151.

[139] Nachweise in Anm. 57.

[140] In diesem Sinne *Schmidt-Aßmann* DVBl. 1976, 172; vgl. ferner *Bielenberg u. a.* [Anm. 57] Rdnr. 8.

— erweiternde — Auslegung einer Entschädigungsregelung erreicht werden soll[141]. Es geht nämlich weit eher an (und trägt auch weit mehr den grundrechtlichen Freiheitsverbürgungen Rechnung[142]), dem Gesetzgeber bei einer sich als enteignend erweisenden, aber nicht von einer Entschädigungsregelung begleiteten Eingriffsnorm zu unterstellen, er habe in Wahrheit einen sich derart auswirkenden Eingriff nicht erlauben wollen, als bei gleicher Sachlage anzunehmen, eine bestehende Entschädigungsregelung sei erweiternd dahin auszulegen, daß sie auch diesen Eingriff decke[143]. Aber das heißt nicht etwa, daß Entschädigungsregelungen überhaupt nicht erweiternd ausgelegt werden dürfen. Nicht einmal ihre Erweiterung durch Analogie ist ausgeschlossen[144]. Insoweit ist aber erst recht Vorsicht geboten und lediglich eine Gesetzesanalogie, nicht auch eine Rechtsanalogie für zulässig zu halten[145].

*b) Verfassungskonforme Auslegung*

Die demnach in zwei Richtungen bestehende (wenn auch bei der Erweiterung von Entschädigungsregelungen spürbar beschränkte) Mög-

---

[141] Das verkennt BGH, Urteil vom 12. Juni 1975 — III ZR 158/72 — DVBl. 1976, 165 [166 f.], wenn zugunsten der Erweiterung einer Entschädigungsregelung (dort des § 44 BBauG) auf die vermeintlich „entsprechenden Überlegungen" BVerwG, Urteil vom 27. Januar 1967 — IV C 33.65 — BVerwGE 26, 111 hingewiesen wird (S. 166), obgleich das Urteil des Bundesverwaltungsgerichts die Einschränkung einer Eingriffsermächtigung betrifft (s. S. 115). „Entsprechend" ist allenfalls, daß beide Handhabungen — von verschiedenen Seiten her — die Folgen eines Verstoßes gegen die Junktimklausel abzuwenden suchen.
[142] Vgl. BVerfGE 24, 367 [401], 45, 63 [76] und 45, 297 [322] [Anm. 38, 23 und 14].
[143] Der Unterschied geht letztlich darauf zurück, daß die Vermeidung eines unzulässigen Eingriffs kein Sonderproblem gerade der Junktimklausel und daher auch von ihrem spezifischen Sinngehalt kaum beeinflußt ist, während bei der erweiternden (oder gar analogen) Anwendung von Entschädigungsregelungen die auf der Hand liegende Gefahr besteht, daß im Ergebnis entgegen der Junktimklausel „am Willen des Gesetzgebers vorbei" entschädigt wird. Deshalb verbietet es sich denn auch, mit *Schmidt-Aßmann* DVBl. 1976, 172 anzunehmen, eine erweiternde Auslegung von Entschädigungsregelungen sei stets dann erlaubt, wenn die Enteignungswirkung in einem vom Gesetzgeber nicht vorhersehbaren Fall eintrete. Das läßt sich als (allgemeine) Auslegungsregel nicht mit der Junktimklausel vereinbaren. *Schmidt-Aßmann* warnt S. 171 selbst zu Recht vor „eilfertiger richterlicher Extension vorhandener Entschädigungstatbestände".
[144] Die Möglichkeit der Analogie bejahen BGH, Urteil vom 12. Juni 1975 — III ZR 158/72 — DVBl. 1976, 165 [167] und Beschluß vom 13. Juli 1978 — III ZR 28/76 — DVBl. 1979, 58 (auch zum Urteil vom 25. Januar 1973 — III ZR 113/70 — BGHZ 60, 126 [136 f.]), BVerwG, Urteil vom 8. November 1967 — IV C 101.65 — BVerwGE 28, 184 [188], *Bielenberg u. a.* [Anm. 57] Rdnr. 44, *Breuer* [Anm. 1] S. 353, *Sendler* ZfW 1979, 70 sowie *Verfasser* [Anm. 52] S. 166; vgl. dazu ferner S. 33 mit Anm. 113.
[145] So BVerwG, Urteil vom 8. November 1967 [Anm. 144].

lichkeit, durch Gesetzesauslegung zur Entschärfung der Junktimklausel beizutragen, erfährt durch den Gesichtspunkt der sogen. verfassungskonformen Auslegung zusätzlichen Auftrieb. Bei dieser verfassungskonformen als einer der Nichtigkeit des Gesetzes ausweichenden Auslegung[146] geht es ja — entgegen einem manchmal verflachten Sprachgebrauch — darum, daß sich ein unter Anwendung „normaler" Auslegungsmethoden ausgelegtes Gesetz als verfassungswidrig erweist und um der Vermeidung dieser Verfassungswidrigkeit willen eine — eben dadurch — zusätzlich legitimierte, also mit erweiterten Befugnissen ausgestattete Auslegung erfolgen darf. Die Befugniserweiterung besteht, kurz gesagt, darin, daß die „normale" Gesetzesauslegung den — wenngleich zum „Willen des Gesetzes" objektivierten — Willen des Gesetzgebers aufzufinden sucht, während bei der verfassungskonformen Auslegung (nach Erkenntnis der anderenfalls gegebenen Nichtigkeit) zunächst der die Nichtigkeitsfolge vermeidende Gesetzesinhalt ermittelt und sodann geprüft wird, ob ihm — dann allerdings die(se) verfassungskonforme Auslegung ausschließend[147] — der gewissermaßen „erklärte Wille" des Gesetzgebers entgegensteht. Da, wie erwähnt[148], nach ganz herrschender Meinung die Unvereinbarkeit eines Gesetzes mit Art. 14 Abs. 3 Satz 2 GG zur Nichtigkeit führt, sind im hier interessierenden Zusammenhang die Voraussetzungen für die Zulässigkeit einer verfassungskonformen Auslegung erfüllt, mag diese nun auf die Verengung des Eingriffstatbestandes, also auf die Vermeidung (der Zulässigkeit) des enteignenden Eingriffs[149], oder — was aus den genannten Gründen seltener legitim sein wird[150] — auf die Erweiterung einer vorhandenen Entschädigungsregelung zielen.

---

[146] Vgl. BVerfG, Beschlüsse vom 7. Mai 1953 — 1 BvL 104/52 — BVerfGE 2, 266 [288], vom 18. Mai 1971 — 1 BvL 7/69 — BVerfGE 31, 119 [132] und vom 12. Dezember 1973 — 2 BvR 558/73 — BVerfGE 36, 264 [271], BVerwG, Urteile vom 14. Juli 1972 — IV C 8.70 — BVerwGE 40, 258 [266] und vom 23. Juni 1977 — V C 45.76 — BVerwGE 54, 134 [138 f.].

[147] Dazu BVerfG, Beschlüsse vom 7. Mai 1953 [Anm. 146], vom 11. Juni 1958 — 1 BvL 149/52 — BVerfGE 8, 28 [34], vom 17. März 1959 — 1 BvL 5/57 — BVerfGE 9, 194 [200], vom 30. Juni 1964 — 1 BvL 16/62 — BVerfGE 18, 97 [111], vom 18. Mai 1971 [Anm. 146] und vom 12. Dezember 1973 [Anm. 146].

[148] Nachweise in Anm. 63.

[149] So verfahren BVerwG, Urteile vom 18. Juli 1968 — I C 38.67 — Buchholz 11 Art. 14 GG Nr. 93 S. 113 [115] (zum Waldschutzgesetz Nordrhein-Westfalen von 1950) und vom 27. Januar 1967 — IV C 33.65 — BVerwGE 26, 111 [115] (zu § 35 BBauG); s. ferner *Breuer* [Anm. 1] S. 68 und *Schick* DVBl. 1962, 776 f.

[150] s. S. 40 f.

## c) Die Grenzen verfassungskonformer Auslegung

Das Institut der verfassungskonformen Auslegung liefert kein Allheilmittel; von seiner Anwendung darf man sich daher nicht einmal annähernd so etwas wie eine radikale Entschärfung der Junktimklausel versprechen[151]. Das zu erwarten, verbietet sich schon deshalb, weil sich die verfassungskonforme Auslegung nicht, wie es für eine so weittragende Wirkung unerläßlich wäre, vom jeweiligen Willen des Gesetzgebers zu lösen vermag, ohne den Boden unter den Füßen zu verlieren. Jenseits dieser — fraglos betonenswerten — Erkenntnis besteht allerdings im Zusammenhang mit der Junktimklausel tendenziell wohl eher Anlaß, die gesetzesauslegenden Instanzen zum — offenen — Gebrauch des Mittels der verfassungskonformen Auslegung zugunsten einer Verengung von — anderenfalls gefährdeten — Eingriffstatbeständen zu ermuntern[152].

## d) Salvatorische Eingriffsregelungen

Darin liegt zugleich ein Ansatz, den der Gesetzgeber zu einer gewissen Entschärfung der Junktimklausel nutzen kann. Der Gesetzgeber hat nämlich Möglichkeiten, einer von der Junktimklausel drohenden Gesetzesnichtigkeit dadurch entgegenzutreten, daß er hinreichend deutlich zu erkennen gibt, bestimmte Eingriffe für den Fall des Eintritts von Enteignungswirkungen nicht erlauben zu wollen. Ja, denkbar wäre sogar, daß er sich in prekären Gesetzen dazu ausdrücklich erklärt und auf diese Weise ihre (die Zulässigkeit enteignender Eingriffe verneinende) enge Auslegung von der Stufe der verfassungskonformen Auslegung auf die Stufe „normaler" Auslegung zurückführt. Allerdings hat auch das als „Lösung" (oder „Lösungsbeitrag") zwei Seiten und, näher betrachtet, enge Grenzen: Schlösse der Gesetzgeber einer Eingriffsermächtigung die Erklärung an, daß von ihr nicht Gebrauch gemacht werden dürfe, wenn dies mit Enteignungswirkungen verbunden sei, läge darin eine „Salvierung", die augenscheinlich viel mit dem gemein hat, was durch salvatorische Entschädigungsregelungen erreicht werden soll. Können aber diese — wie dargelegt — bedenklich, hingegen vergleichbare Regelungen, durch die in salvatorischer Weise die Zulässigkeit von Eingriffen beschränkt wird, empfehlenswert sein? Das

---

[151] Bedenklich daher *Gronefeld* [Anm. 12] S. 82 ff. und *Schick* DVBl. 1962, 776 f.; demgegenüber zutreffend *Breuer* [Anm. 1] S. 68, *Jaenicke* [Anm. 55] S. 155 und *Rausch* DVBl. 1969, 168.
[152] Allgemein in diesem Sinne *Peters* ZZP 83, 34 f.

läßt sich so nicht einfach bejahen oder verneinen. Einerseits — und zugunsten der Zulässigkeit salvatorischer Eingriffsregelungen — gilt, daß insoweit die Junktimklausel (jedenfalls mit gerade ihrem Junktimgebot) nicht einschlägig ist. Das Junktimgebot verlangt, daß Eingriffstatbestände von Entschädigungsregelungen begleitet werden. Das ist bei salvatorischen Eingriffsregelungen nicht in Gefahr. Auf der anderen Seite — und mit dem Ergebnis, daß salvatorische Eingriffsregelungen nicht ohne weiteres unbedenklich sind — muß man sich aber darüber klar sein, daß sich solche Regelungen zwar nicht den Anforderungen der Junktimklausel, dafür aber gleichsam verstärkt den Anforderungen des allgemeinen Bestimmheitsgebotes[153] zu stellen haben. Darin bestätigt sich nur, was zum Zusammenhang zwischen der Junktimklausel, den salvatorischen Entschädigungsregelungen und diesem Bestimmtheitsgebot schon hervorgehoben wurde[154]: Ist ein Eingriffstatbestand für den Fall des Eintritts von Enteignungswirkungen mit einer salvatorischen Einschränkung versehen, so überantwortet der Gesetzgeber die mit den Begriffen „Eigentum" und „Enteignung" verknüpften Ungewißheiten — ganz ähnlich wie es mit anderen Vorzeichen bei den salvatorischen Entschädigungsregelungen geschieht[155] — zum einen den zum Eingriff ermächtigten Behörden und zum anderen den von dieser Ermächtigung Betroffenen. Die Behörden können von einer solchen Ermächtigung noch weniger als von anderen Befugnissen „blindlings Gebrauch machen"; sie sind vielmehr genötigt, die Ermächtigung (und mehr noch den jeweiligen Fall) stets erst sehr genau „abzutasten"[156]. Und alles, was darin an Unwägbarkeiten steckt, schmälert die Aussichten der Betroffenen, das zu ihrem Nachteil Erlaubte „voraussehbar und berechenbar"[157] erkennen zu können. Festzuhalten ist somit erstens, daß interpretations-erleichternde Hinweise des Gesetzgebers, die auf eine Einschränkung der Eingriffsbefugnis hinweisen, zur Entschärfung der Junktimklausel beitragen können, zweitens, daß man bei aller Enge der Verwandtschaft doch nicht einfach von der Unzulässigkeit salvatorischer Entschädigungsregelungen auf die Unzulässigkeit auch salvatorischer Eingriffsregelungen schließen darf, drittens jedoch, daß salvatorische Eingriffsregelungen ihre Probleme mit den Anforderungen des allgemeinen Bestimmtheitsgebotes haben und daß sie daher dort (nicht

---

[153] Nachweise dazu in den Anm. 13 und 98.
[154] s. S. 29.
[155] s. S. 28.
[156] So die Formulierungen von *Schick* DVBl. 1962, 777.
[157] Vgl. Anm. 98.

nur nicht nützen, sondern) schaden, wo infolge der beigefügten salvatorischen Einschränkung ein nicht mehr genügend bestimmter Eingriffstatbestand entsteht.

## XIII. Entschädigungsgewährung

Wenn der Gesetzgeber, um der Junktimklausel gerecht zu werden, alle sich enteignend auswirkenden Gesetze mit einer substantiierten Entschädigungsregelung versehen muß, die enteignende Wirkung aber nicht stets verläßlich vorherzusehen vermag, kommt er nicht umhin, Auswirkungen entschädigungspflichtig zu machen, die — vielleicht — nicht oder doch nicht unbedingt und immer die Merkmale der Enteignung erfüllen. Die Unabweisbarkeit dieser Konsequenz kann, wie es scheint, nur Unbehagen hervorrufen[158]. Man fragt sich, ob die Gewährung von Entschädigungen nicht manchen Orts ohnehin zu üppig ins Kraut geschossen ist. Und man fragt sich weiter, ob es vertretbar sein kann, daß es zu untragbaren Entschädigungslasten[159] oder dazu kommt, daß „Wohltaten" gewährt werden, „die möglicherweise aus Kostengründen ganze Reformvorhaben" scheitern lassen[160]. Das sind indes Suggestivfragen, mit deren Beantwortung ein ausgewogenes Urteil nicht gewonnen ist.

### 1. Substantiierte Entschädigungsregelungen

Man darf demgegenüber, um den konkreten Zusammenhang nicht völlig aus dem Blick geraten zu lassen, zunächst einmal zu bedenken geben, wen eigentlich billigerweise die — zugegebenermaßen beklagenswerte — Unsicherheit darüber, was alles an Eingriffen entschädigungslos hingenommen werden muß, treffen sollte, — die (eingreifende) Allgemeinheit oder den eingriffsbetroffenen Staatsbürger. Oder man könnte gar versucht sein zu entgegnen, daß die Pflicht zur Gewährleistung von Grundfreiheiten und von Rechtssicherheit nun einmal ihren Preis habe. Sollte das, wie vielleicht in der Tat, für seinerseits zu vordergründig zu halten sein, so bleibt doch jedenfalls dies zu berück-

---

[158] s. dazu *Breuer* [Anm. 1] S. 47, *Ossenbühl* [Anm. 2] S. 139 und *Reissmüller* JZ 1959, 361.
[159] So warnend *Breuer* [Anm. 1] S. 47.
[160] *Ossenbühl* [Anm. 2] S. 139.

XIII. Entschädigungsgewährung

sichtigen: Gerade wenn es richtig ist, daß dem Gesetzgeber für den Fall der Unzulässigkeit salvatorischer Entschädigungsregelungen allein die Möglichkeit bleibt, seine substantiierten Entschädigungsregelungen „großzügig" zu fassen und damit (mehr oder weniger häufig) bei Sachlagen zu entschädigen, bei denen er aus (materiell-)verfassungsrechtlichen Gründen nicht zu entschädigen brauchte, dann drängt sich die Einsicht auf, daß der Gesetzgeber genau dies offenbar fortlaufend tut: Salvatorische Entschädigungsregelungen der eingangs vorgestellten Art sind ja, wie schon hervorgehoben[161], deutlich in der Minderheit; sie sind in der Praxis nicht die Regel, sondern die Ausnahme. Wenn ein Gesetz beispielsweise anordnet, daß Entschädigung zu leisten sei, sofern „auf Dauer ... durch die Änderung ... von Bundesstraßen" die „Benutzung" von „Zufahrten oder Zugänge[n] ... erheblich erschwert" wird[162], oder sofern eine „Veränderungssperre länger als vier Jahre über den Zeitpunkt ihres Beginns" dauert[163], oder sofern „die zulässige Nutzung eines Grundstücks ... geändert" wird und „dadurch eine nicht nur unwesentliche Wertminderung des Grundstücks" eintritt[164], oder wenn eine bestimmte „Genehmigung ... widerrufen" wird und der Betroffene schutzwürdig „auf den Bestand der Genehmigung vertraut hat"[165], oder wenn „die fernere Benutzung einer ... gewerblichen Anlage ... untersagt" wird[166], oder daß zu entschädigen sei „für Nachteile, die" Grundstückseigentümern „durch die Anordnung oder Untersagung bestimmter ... Maßnahmen gegenüber der uneingeschränkten ... Bewirtschaftung ihrer Grundstücke entstehen"[167] oder für jede „Inanspruchnahme" eines sogen. „Nichtstörers" im allgemeinen[168] und für die „Inanspruchnahme" zu Maßnahmen des Brandschutzes im besonderen[169], dann nimmt

---

[161] s. S. 31.
[162] § 8a Abs. 4 Satz 1 des Bundesfernstraßengesetzes in der Fassung vom 1. Oktober 1974 (BGBl. I S. 2413). Ausgenommen wird durch Satz 3, „wenn die Grundstücke eine anderweitige ausreichende Verbindung zu dem öffentlichen Wegenetz besitzen oder wenn die Zufahrten oder Zugänge auf einer widerruflichen Erlaubnis beruhen".
[163] § 18 Abs. 1 Satz 1 BBauG 1960/1976/1979 [Anm. 103]; ähnlich auch z. B. § 7 Abs. 2 des Hessischen Gesetzes über die geordnete Beseitigung von Abfällen in der Fassung vom 16. Juni 1978 (GVBl. S. 397).
[164] § 44 Abs. 1 BBauG 1976/1979 [Anm. 103].
[165] § 21 Abs. 4 Satz 1 BImSchG [Anm. 91] in Übereinstimmung mit § 49 Abs. 5 Satz 1 des Verwaltungsverfahrensgesetzes (VwVfG) vom 25. Mai 1976 (BGBl. I S. 1253).
[166] § 51 GewO.
[167] § 51 Abs. 1 Satz 1 des Forstgesetzes für das Land Nordrhein-Westfalen vom 29. Juli 1969 (GVBl. S. 588).
[168] § 41 Abs. 1 Buchst. a des nordrhein-westfälischen Gesetzes über Aufbau und Befugnisse der Ordnungsbehörden vom 28. Oktober 1969 (GVBl. S. 732).

der Gesetzgeber mit alledem — und gelegentlich wird das im Gesetz sogar ausdrücklich gesagt[170] — begriffsnotwendig in Kauf, daß es zu (materiell-)verfassungsrechtlich nicht gebotenen Entschädigungen kommt.

## 2. Entschädigungen von anderer Art

Bedenkenswert dürfte ferner folgendes sein: Die Enteignungsentschädigung (und die ihr gleichende[171] Aufopferungsentschädigung) sind nicht die einzigen im geltenden Recht vorgesehenen Entschädigungen[172]. Außer ihnen gibt es beispielsweise Entschädigungen für enttäuschtes Vertrauen[173] und reine Billigkeitsentschädigungen[174]. Diese anderen Entschädigungen — namentlich die Vertrauensentschädigungen — zur Enteignungs- (und zur Aufopferungs-)entschädigung ins rechte Verhältnis zu setzen, ist eine im einzelnen noch unbewältigte Aufgabe[175]. Sie ist, wie ich meine, unbewältigt vor allem deshalb, weil die Beziehung zwischen „Eigentum" und „Vertrauen" bislang nicht hinreichend geklärt ist. Daraus ergibt sich für das Verhältnis zwischen Eigentums- und Vertrauensschutz eine Zone des Übergangs, bei der man — je nach Standpunkt — zu einer mehr eigentums- oder einer mehr vertrauensschutzrechtlichen Deutung neigen kann. Beispiele sind dafür vor allem die Entschädigungen im Umfeld der sogen. Plange-

---

[169] § 31 Abs. 1 des niedersächsischen Gesetzes über den Brandschutz und die Hilfeleistungen der Feuerwehr vom 8. März 1978 (GVBl. S. 233).
[170] z. B. in Art. 23 Abs. 1 Satz 1 des Waldgesetzes für Bayern vom 22. Oktober 1974 (GVBl. S. 551): „... so ist für diese Nachteile Ausgleich zu leisten, auch wenn diese Maßnahmen keine Enteignung darstellen oder einer solchen gleichkommen".
[171] s. Anm. 53 und 55.
[172] Verfehlt daher *Leisner* [Anm. 37] S. 106 („Der Begriff der Entschädigung ist im geltenden öffentlichen Recht so wesentlich mit dem der Enteignung verbunden, daß er nur auftritt, wenn enteignende Eingriffe vorliegen").
[173] Beispiele: § 21 Abs. 2 Satz 2 Nr. 2 BBauG 1976/1979 [Anm. 103], § 39j BBauG 1976/1979 (§ 44 Abs. 2 BBauG 1960), § 44 Abs. 1 Nr. 2 BBauG 1960, § 48 Abs. 2 und 3 VwVfG [Anm. 165].
[174] Beispiel: § 66 des Viehseuchengesetzes in der Fassung der Bekanntmachung vom 23. Februar 1977 (BGBl. I S. 313, 437); vgl. BVerwG, Urteil vom 29. April 1965 — I C 91.62 — Buchholz 418.6 Viehseuchen Nr. 3 S. 14 [18] sowie *Horst Sendler*, Gedanken zu einer Neukonzeption der Eigentumsverfassung, 1972, S. 25.
[175] s. insbes. BVerfG, Beschluß vom 8. Juli 1971 — 1 BvR 766/66 — BVerfGE 31, 275 [293], BVerwG, Urteil vom 24. Juli 1971 — I C 39.67 — BVerwGE 38, 209 [218], BGH, Urteil vom 31. Januar 1966 — III ZR 127/64 — BGHZ 45, 83 [87 f.], *Peter Badura*, VVDStRL 32, S. 253 und 262, *Breuer* [Anm. 1] S. 185 ff., *Günter Korbmacher* WiVerw. 1979, 41, *Gunter Kisker*, VVDStRL 32, S. 262, *Günter Püttner*, VVDStRL 32, S. 260, *Peter Selmer*, VVDStRL 32, S. 259 sowie *Sendler* [Anm. 174] S. 14 und WiVerw. 1979, 63.

währleistung[176] und bei (gebrochenen) Zusagen[177] und ferner die Fälle, in denen ein Straßenanlieger deshalb Entschädigung erhält, weil er infolge von Straßenbauarbeiten unvorhergesehene Nachteile hat hinnehmen müssen[178]. Wie immer jedoch das im einzelnen zu beurteilen sein mag, nicht zu bezweifeln ist jedenfalls, daß das geltende Recht in durchaus beträchtlichem Umfang Entschädigungen kennt, die wegen (oder doch im Zusammenhang mit) der Belastung eines vermögenswerten Rechtsgutes gewährt werden, jedoch unter dem Gesichtspunkt der Enteignung nicht gewährt zu werden brauchten, sei es, daß kein als Eigentum geschütztes Rechtsgut — sondern etwa nur eine Erwerbschance[179] — betroffen wurde, sei es, daß es am (unmittelbaren) Eingriff fehlt[180], oder sei es, daß die Belastung nicht die Schwelle des (im enteignungsrechtlichen Sinne) Unzumutbaren erreicht[181]. Und wenn man sich zudem bewußt macht, daß es für das Vorliegen einer das verfassungsrechtlich Gebotene überschreitenden Entschädigung natürlich nicht darauf ankommt, ob sich die einschlägigen Vorschriften des Wortes Entschädigung bedienen, wird klar, daß auch zahlreiche „Subventionen", „Zuschüsse", „Aufwendungsersatz(leistungen)" und ähnliches mehr sachlich nichts anderes sind als Eigentumsentschädigungen, die ihren Standort im Vorfeld der Enteignung haben. Wer sich das alles vergegenwärtigt, sieht sich zu einer skeptischen Haltung gegenüber der Behauptung gedrängt, es sei einfach unerträglich und deshalb indiskutabel, daß die Befolgung der Junktimklausel den Gesetzgeber zu Entschädigungsregelungen zwingen sollte, die jeweils auch einige nicht (sicher) als Enteignung zu qualifizierende Sachverhalte erfassen.

---

[176] Dazu BGH, Urteil vom 7. Dezember 1967 — III ZR 83/65 — NJW 1968, 293 [294], *Korbmacher* WiVerw. 1979, 41 und *Sendler* [Anm. 174] S. 17.

[177] Dazu *Bachof*, VVDStRL 32, S. 261.

[178] Dazu BGH, Urteil vom 29. Mai 1967 — III ZR 126/66 — BGHZ 48, 65 [66].

[179] BVerfG, Beschluß vom 18. März 1970 — 2 BvO 1/65 — BVerfGE 28, 119 [142].

[180] Vgl. BGH, Urteil vom 7. Dezember 1967 — III ZR 83/65 — NJW 1968, 293 und BVerwG, Urteil vom 3. November 1967 — VII C 68.66 — BVerwGE 28, 179 [182 f.].

[181] Beispiele sind dafür vor allem die Entschädigung nach § 42 BImSchG (so mit Recht *Schmidt-Aßmann* [Anm. 12] S. 11 und 23 gegen BGH, Urteil vom 20. März 1975 — III ZR 215/71 — BGHZ 64, 220 [235]; vgl. ferner *Günter Korbmacher* DÖV 1976, 7) sowie die Entschädigung nach § 31 Abs. 2 WHG [Anm. 6] (diese insofern, als die dort vorgesehene Anordnung eines Schadensausgleichs nicht an die Erfüllung der Voraussetzungen für eine Enteignungsentschädigung gebunden ist; vgl. BVerwG, Urteil vom 30. November 1973 — IV C 24.71 — Buchholz 445.4 § 31 WHG Nr. 2 S. 4 [6 ff.]).

## 3. Die Stellung des Gesetzgebers

Schließlich sind auch Zweifel anzumelden, ob die Stellung des Gesetzgebers richtig erkannt ist, wenn man alledem die Annahme zugrunde legt, es sei ganz unerträglich, wenn der Gesetzgeber „Wohltaten" gewähre, „auf die kein verfassungsrechtlicher Anspruch besteht"[182], ja, vielleicht sei so etwas sogar verfassungswidrig[183]. Es fällt — dies zum ersten — schwer zu glauben, daß bei der Entschädigungsgewährung schon im Ansatz (und nicht erst, was unproblematisch ist und hier nicht in Rede steht, bei Auswüchsen) anrüchig sein sollte, was bei Bestandsgewährleistungen eher als Tugend gelten muß[184], — nämlich daß der Gesetzgeber regelnd überschreitet, was die Verfassung als Minimum des zu Gewährenden festlegt. Zwischen Entschädigungsgewährungen und Bestandsgewährleistungen deshalb zu differenzieren, weil „Großzügigkeit" bei Bestandsgewährleistungen die Allgemeinheit weniger zu kosten pflegt als „Großzügigkeit" bei Entschädigungsgewährungen, könnte schwerlich überzeugen; überdies besteht dieser Unterschied auch weitgehend nur scheinbar. Ferner läßt sich aber zweitens im Zusammenhang mit dem, was unter dem Stichwort der „überverfassungsmäßigen Entschädigung" zunächst wie eine Provokation anmutet, eine Rollenverteilung zwischen Gesetzgeber und Richter denken, die möglicherweise staatlich wie rechtsstaatlich ein Effektivitätsgewinn wäre, — eine Rollenverteilung, bei der die Schwelle dessen, was als Minimum verfassungsrechtlich gewährleistet ist, tendenziell eher zurückhaltend eingeschätzt wird, andererseits jedoch der Gesetzgeber bei seiner Entscheidung über angemessen berechenbare, praktisch ohne übermäßigen Aufwand (und außerdem mit geminderter Gefahr mißlicher Einflußnahmen) handhabbare[185], überdies nicht „unwiderrufliche"

---

[182] So *Ossenbühl* [Anm. 2] S. 139.
[183] So offenbar *Leisner* [Anm. 37] S. 108 („... wenn Sozialbindung möglich ist, so *darf* er nicht entschädigen"), bedenklich auch *Opfermann* [Anm. 86] S. 326 f. Vgl. demgegenüber zur Zulässigkeit etwa BVerfG, Beschluß vom 17. November 1966 — 1 BvL 10/61 — BVerfGE 20, 352 [360], BVerwG, Urteile vom 14. Oktober 1958 — I C 59.57 — BVerwGE 7, 257 [262 f.] und vom 29. Juli 1965 — I C 91.62 — Buchholz 418.6 Viehseuchen Nr. 3 S. 14 [16 ff.], BGH, Urteile vom 27. Februar 1956 — III ZR 194/54 — BGHZ 20, 112 [115] und vom 16. Oktober 1961 — III ZR 216/59 — NJW 1962, 252. Daß dabei stets die Grenzen gesetzt sind, die der Gesetzgeber — wie etwa das Willkürverbot — allgemein zu wahren hat, versteht sich von selbst.
[184] s. dazu *Verfasser* [Anm. 40] S. 460 f.
[185] Es wäre einer gesonderten Untersuchung wert, wie sich unscharfe oder gar salvatorische Entschädigungstatbestände in der Praxis „bewähren", — wie oft sie bewirken, daß ein Betroffener auf sein „gutes Recht" verzichtet, und wie oft sie bewirken, daß die Exekutive — im „Dunstkreis" möglicher

Entschädigungstatbestände mehr selbständig und, wenn man so sagen darf, mutig wahrhaft *regelte*, anstatt auf die Verfassung — und damit vornehmlich auf die Kasuistik der Rechtsprechung — zu starren, um nur ja weder zu unterschreiten noch zu überschreiten, was zu gewähren unumgänglich ist.

### 4. Der Rechtsweg

Wenn der Gesetzgeber pflichtgemäß eine Entschädigungsregelung substantiiert, geht er das Risiko ein, mehr zu gewähren, als die Verfassung (materiell) zu gewähren vorschreibt. Ja, wenn man es ganz genau nimmt, scheint es sogar so zu sein, daß er darin nicht nur ein Risiko eingeht, sondern daß, wenn das oben Gesagte richtig ist, letztlich in einer jeden der Junktimklausel standhaltenden Entschädigungsregelung mindestens ein Körnchen „Nicht-Enteignungsentschädigung" steckt. Das führt auf einen Einwand, der hier nicht übergangen werden soll, obgleich man der Ansicht sein kann, daß er sich durch seine Spitzfindigkeit von selbst erledigt: Infolge der vom Grundgesetz dem Verwaltungsrecht verordneten Aufspaltung des Rechtsweges, die sich freilich „ohnehin nur historisch erklären, aber nicht mehr rechtfertigen läßt"[186], ist es bekanntlich so, daß Rechtsstreitigkeiten um Enteignungs- (und Aufopferungs-)entschädigungen durch Art. 14 Abs. 3 Satz 4 GG (bzw. § 40 Abs. 2 Satz 1 VwGO) den Zivilgerichten zugewiesen sind, während solche um andere Entschädigungen in den Verwaltungsrechtsweg gehören. Das kann, wie sich leicht vorstellen läßt, zu unvernünftigen, ja, unerträglichen Ergebnissen vor allem dort führen, wo bei einheitlichen Sachkomplexen verschiedenartige Entschädigungen in eine Gemengelage geraten[187]. Und das nun scheint mehr oder weniger unausweichlich der Fall zu sein, wenn der Gesetzgeber — sozusagen im Einzugsbereich der Ungewißheiten des Eigentums- und des Enteignungsbegriffes — Entschädigungen zuspricht, die er, weil es „in Wahrheit" an einem enteignenden Eingriff fehlt, nicht zuzusprechen brauchte und die daher, so gesehen, auch keine Enteignungsentschädigungen sind. Daraus läßt sich jedoch nichts herleiten, was als Einwand ergiebig sein könnte. Denn es kommt dafür, daß der Zivilrechtsweg gegeben ist, nicht

---

Enteignungswirkung — „vorsorglich" eine Entschädigung gewährt, deren Gewährung — mit all den leidigen Konsequenzen für das Gebot der Gleichbehandlung — zumindest gegen sich hat, vom Gesetzgeber nicht gesteuert zu sein.

[186] Reform des Staatshaftungsrechts, Kommissionsbericht, 1973, S. 59.
[187] Hinweis darauf auch bei *Sendler* [Anm. 174] S. 25.

ausschlaggebend darauf an, ob eine vom Gesetzgeber als Enteignungsentschädigung gewährte Entschädigung von ihm als Enteignungsentschädigung gewährt werden mußte. Es genügt vielmehr, solange dabei der verfassungsrechtliche Enteignungsbegriff nicht völlig verfehlt wird, wenn er sie als Enteignungsentschädigung gewähren wollte. Der Gesetzgeber ist, anders ausgedrückt, gerade auch mit Auswirkung auf den gegebenen Rechtsweg frei, „über die Tatbestände der Enteignung, für die nach dem Verfassungsgrundsatz des Art. 14 GG in jedem Falle Entschädigung gewährt werden muß, ... hinaus Eingriffe von hoher Hand in die Rechtssphäre des einzelnen, in denen möglicherweise ‚Enteignungen' im technischen Sinne nicht gefunden werden können, im Gesetz positiv wie Enteignungen [zu] behandeln"[188]. Damit ist einem für den hier interessierenden Zusammenhang auf Art. 14 Abs. 3 Satz 4 GG gestützten Einwand die Grundlage entzogen.

## XIV. Zusammenfassung

Die Untersuchung beschäftigt sich mit den salvatorischen Entschädigungsregelungen im Enteignungsrecht. Für diese in der Praxis zwar nicht vorherrschenden, doch aber mehr als nur vereinzelt auftretenden Regelungen ist — nur darauf kommt es letztlich an — kennzeichnend, daß es ihren Tatbeständen an Substanz fehlt. Salvatorische Entschädigungsregelungen enthalten sich einer wahrhaft eigenen Bestimmungen der Entschädigungsvoraussetzungen; sie tun dies zugunsten einer Wiederholung dessen, was als „Enteignung" bereits durch das Verfassungsrecht unausweichlich unter Entschädigungspflicht gestellt wird. Mit salvatorischen Entschädigungsregelungen sollen im Grunde Entschädigungen gar nicht gewährt, sondern es soll lediglich Vorsorge getroffen werden: Was sie — unter dem Druck der Junktimklausel des Art. 14

---

[188] So BGH, Urteil vom 27. Februar 1956 — III ZR 194/54 — BGHZ 20, 112 [115]; ebenso auch die Urteile vom 16. Oktober 1961 — III ZR 216/59 — NJW 1962, 252 und vom 25. Juni 1964 — III ZR 139/62 — BGHZ 43, 196 [200]; vgl. außerdem BGH, Urteil vom 20. März 1975 — III ZR 215/71 — BGHZ 64, 220 [225]; *das* ist in den Auseinandersetzungen um den bei Entschädigungen nach dem Viehseuchengesetz gegebenen Rechtsweg auch vom Bundesverwaltungsgericht nicht angezweifelt worden. Streitig war allein, ob dieses Gesetz die Entschädigung als eine Enteignungsentschädigung ausgestaltet hatte oder nicht (vgl. BVerwG, Urteil vom 29. Juli 1965 — I C 91.62 — Buchholz 418.6 Viehseuchen Nr. 3 S. 14 [16 ff.] und auch BVerfG, Beschluß vom 17. November 1966 — 1 BvL 10/61 — BVerfGE 20, 352 [360]).

Abs. 3 Satz 2 GG — bieten, ist nicht mehr als eine geradezu widerwillig abgegebene formale Bereitschaftserklärung, um so die Verfassungswidrigkeit der Zugriffsregelung zu vermeiden. Beispiele für derart salvatorische Entschädigungsregelungen sind etwa die einschlägigen Vorschriften der Sicherstellungsgesetze von 1965[189], § 26 Abs. 1 des Hessischen Denkmalschutzgesetzes[190], § 23 Abs. 1 Satz 1 des Saarländischen Landeswaldgesetzes[191] oder auch Art. 17 Abs. 2 des Bayerischen Immissionsschutzgesetzes[192].

Die Untersuchung hat ergeben, daß es vor allem die Unbestimmtheiten einmal des Eigentums- und zum anderen des Enteignungsbegriffs sind, die den Gesetzgeber veranlassen, zu so eigenartig blassen Entschädigungsregelungen Zuflucht zu nehmen. Die darin liegende Erklärung liefert jedoch keine Rechtfertigung. Die Frage, ob salvatorische Entschädigungsregelungen den Anforderungen der Junktimklausel genügen, muß m. E. verneint werden:

Die Billigung salvatorischer Entschädigungsregelungen ist ein Mittel, die Junktimklausel durchgreifend zu entschärfen. Deshalb hat sie ihren Standort im Kreise all jener Bemühungen, die in den vergangenen Jahren und Jahrzehnten der „Entgiftung" der Junktimklausel galten. Diesen Bemühungen muß bei allem Verständnis entgegengehalten werden, daß sie, bei Licht betrachtet, durch einen so oder anders beschaffenen „Trick" eine vermeintlich unangebracht harte, aber doch klare verfassungsrechtliche Anforderung auszumanövrieren suchen.

Die Junktimklausel des Art. 14 Abs. 3 Satz 2 GG soll unter anderem sicherstellen, daß der enteignende Eingriff und die durch ihn ausgelöste Entschädigungspflicht nicht nur verfassungsrechtlich-formal zusammengehören, sondern daß sie auch in der Realität eine Art Einheit bilden. Darin liegt die Verknüpfungsfunktion der Junktimklausel. Mit ihr lassen sich salvatorische Entschädigungsregelungen nicht vereinbaren. Denn die Einheit von Enteignung und Enteignungsentschädigung ist nur gewährleistet, wenn die Eingriffs- und die Entschädigungstatbestände so beschaffen sind, daß sie den Betroffenen hinreichende Klarheit bringen, was von ihnen verlangt wird und mit welchen Rechtsfolgen es von ihnen verlangt wird. Die Verknüpfungsfunktion der Junktimklausel stellt den Gesetzgeber im Hinblick auf entschädigungspflichtige Ent-

---

[189] s. Anm. 3.
[190] s. Anm. 6.
[191] s. Anm. 6.
[192] s. Anm. 6.

## XIV. Zusammenfassung

eignungen unter „Bekenntniszwang". Dem werden salvatorische Entschädigungsregelungen nicht gerecht.

Die von der Junktimklausel ausgehenden Anforderungen sind erfüllbar, ohne daß mit ihnen — vom Gesetzgeber bzw. der von ihm repräsentierten Allgemeinheit — Unzumutbares verlangt wäre. Das gilt um so mehr, als die legitimen Handhaben der — unter Umständen auch verfassungskonformen — Gesetzesauslegung gestatten, gewisse äußerste Härten der Junktimklausel zu glätten. Nicht auszuschließen ist, daß die Billigung salvatorischer Entschädigungsregelungen u. a. von der Vorstellung gespeist wird, es dürfe im Felde von Eigentumsbelastungen keinesfalls zur Gewährung von Entschädigungen kommen, wenn — nach der Voraussicht des Gesetzgebers — die Merkmale der Enteignung möglicherweise nicht (stets) erfüllt sind. Diese Vorstellung geht indes an der Rechtslage vorbei.

Printed by Libri Plureos GmbH
in Hamburg, Germany